VOLTAIRE ET LA POLICE

CAMBRAI. — IMPRIMERIE DE RÉGNIER-FAREZ.

VOLTAIRE

ET

LA POLICE

DOSSIER RECUEILLI A SAINT-PÉTERSBOURG,
PARMI LES MANUSCRITS FRANÇAIS ORIGINAUX ENLEVÉS
A LA BASTILLE EN 1789.

AVEC

UNE INTRODUCTION SUR LE NOMBRE ET L'IMPORTANCE
DES DITS MANUSCRITS, ET UN ESSAI SUR LA BIBLIOTHÈQUE DE VOLTAIRE

PAR

L. LÉOUZON LE DUC

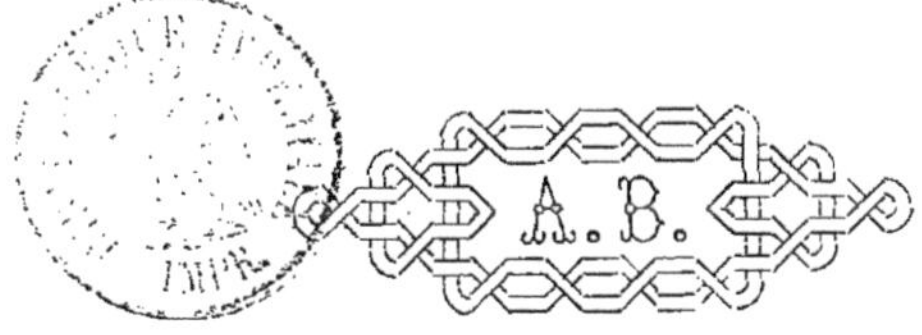

PARIS

AMBROISE BRAY, LIBRAIRE-ÉDITEUR,

20, RUE CASSETTE, 20.

—

1867

PRÉFACE

A

PRÉFACE

—

Les documents qui forment la matière du présent volume ont été copiés par moi, sur les originaux, à la bibliothèque impériale de Saint-Pétersbourg. Je les avais déjà fait connaître en partie, il y a quinze ans dans un ouvrage aujourd'hui épuisé ; il m'a paru utile, après les avoir complétés, de les rééditer.

En effet, la souscription récemment ouverte dans le but d'ériger une statue à Voltaire, au milieu de l'une des places publiques de Paris, a de nouveau ramené l'attention sur ce grand agitateur du dix-huitième siècle. On relit ses œuvres, on révise les jugements portés sur lui ; articles de journaux,

brochures légères, livres sérieux [1], se multiplient ;
avant peu, si je ne me trompe, nous verrons re-
naître, à propos de Voltaire, les discussions pas-
sionnées d'un autre âge. J'ai donc regardé comme
un devoir de ne point laisser dans l'oubli des documents qui se relient si intimement au débat. Sans
doute, ils n'embrassent qu'un des côtés de Voltaire,
mais c'est le côté principal, c'est l'homme ! On ne
saurait, par exemple, s'en prendre à nous si le portrait moral qui en ressort est peu flatté : c'est Voltaire lui-même qui tient le pinceau.

Voudra-t-on voir dans cette publication une

[1] Parmi les livres sérieux, qu'il me soit permis de signaler
tout particulièrement, l'ouvrage que publie en ce moment M. l'abbé
Maynard, sous ce titre : *Voltaire, sa vie et ses œuvres.* Cet ouvrage est assurément le plus considérable qui ait paru jusqu'à
présent sur Voltaire ; il accuse une lecture immense, et se dis-
tingue par un esprit de critique où la sagacité la plus pénétrante
s'unit à la plus loyale impartialité. Voltaire est là tout entier ;
rien de ce qui peut servir à faire apprécier son talent, à expliquer
ses actes, à définir son caractère, n'est oublié. Quand on a lu
l'ouvrage de M. l'abbé Maynard, on connaît Voltaire à fond ; le
Protée s'y dégage de ses formes multiples et se laisse étreindre,
enfin, dans sa réalité complète et véritable.

façon de protester contre la souscription dont il s'agit? Je ne m'en défendrai pas. Je comprends une statue de Voltaire dans une salle d'académie, une bibliothèque, un théâtre, un musée ou tout autre monument d'ensemble. Là, elle est à sa place et toute méprise est impossible. C'est l'hommage manifeste au grand écrivain. La place publique, à Paris, surtout, a d'autres exigences. Le bronze et le marbre ne devraient s'y dresser, selon moi, qu'en l'honneur d'un souverain dont le règne a marqué ou marquera dans l'histoire, ou d'un citoyen distingué par l'éclat et la fierté de son patriotisme, la noblesse et la grandeur de son caractère. En dehors de ces conditions, toute statue érigée ne m'apparaît que comme un témoignage puéril de vanité ou de flatterie. On passe cette fantaisie à une cité de province ; elle serait indigne de la capitale de la France. Paris ne doit avoir à contempler, sur ses places publiques, que les images de ces hommes dont le nom s'impose non-seulement à l'admiration mais encore au respect, et dont la vie hautement digne et mé-

ritante, peut allumer l'émulation et s'offrir en
exemple. Or, en est-il ainsi de Voltaire? Voltaire,
l'un des plus illustres, par l'esprit et le talent, s'est-
il également signalé par l'éclat et la fierté de son
patriotisme, par la noblesse et la grandeur de son
caractère? J'en appelle au jugement impartial de
tous ceux qui liront ce livre.

Les pièces relatives aux rapports de Voltaire avec
la police forment un dossier spécial conservé parmi
les manuscrits français originaux de la bibliothèque
impériale de Saint-Pétersbourg. Ces manuscrits
ont été enlevés en 1789, partie à la Bastille, partie
à l'abbaye de Saint-Germain des Près où se trou-
vaient alors nos archives nationales. C'est une triste
histoire que celle de cet enlèvement, et il en est ré-
sulté pour nos dépôts une perte irréparable. J'en
fais le sujet d'une introduction étendue ou, en
même temps que je révèle le nombre et l'impor-

tance des manuscrits en question, j'explique comment le dossier concernant Voltaire est devenu la propriété de la Russie.

On sait, en outre, que l'impératrice Catherine II, grande admiratrice de Voltaire, acheta sa bibliothèque après sa mort. J'ai passé plusieurs jours au sein de cette bibliothèque déposée aujourd'hui dans une des salles du palais de l'Ermitage à Saint-Pétersbourg, prenant des notes tant sur les livres que sur les manuscrits. Après avoir mis ces notes en ordre, je les publie ici sous le titre d'*Essai sur la bibliothèque de Voltaire*. On y trouvera des détails caractéristiques ainsi que plusieurs indications curieuses touchant les questions qui forment l'objet principal de cet ouvrage.

INTRODUCTION

INTRODUCTION

—

DES MANUSCRITS FRANÇAIS

ENLEVÉS A LA BASTILLE EN 1789

ET TRANSPORTÉS EN RUSSIE

———

En 1789, après la prise de la Bastille, le peuple de Paris, ivre de sa victoire, et poussé d'une rage aveugle contre les odieux souvenirs que lui rappelait ce monument, le saccagea de fond en comble. Des causes d'un autre genre amenèrent un peu plus tard, le sac de l'abbaye de Saint-Germain-des-Prés. Or, c'est à la Bastille et dans cette abbaye que se trouvait le dépôt de nos archives nationales. Le peuple ne respecta pas plus ces papiers que les boiseries où ils étaient renfermés. En brisant les unes, il dispersa les autres et jeta même tant qu'il put de ces derniers par les fenêtres. Des masses considérables en furent emportées hors du royaume et devinrent le butin de l'étranger.

Parmi les nations qui gagnèrent le plus à ce désastre, il faut nommer avant tout la Russie. La Russie avait alors à Paris un agent habile et éclairé, nommé Dubrowsky, lequel était d'ailleurs personnellement amateur de livres rares et de papiers curieux. M. Dubrowsky saisit avec empressement la bonne occasion que lui offrait le vandalisme des Parisiens. De tout ce qu'il put obtenir gratuitement ou tirer à peu de frais des mains de pillards ignorants, il forma une collection de près de deux mille manuscrits français, renfermant des documents de la plus haute importance pour notre histoire, et dont les doubles, pour le plus grand nombre du moins, ne se trouvent nulle part. Déplorable lacune dont souffriront, sans doute, éternellement, nos archives !

La collection Dubrowsky fut achetée, en 1805, par l'empereur Alexandre, et déposée dans une salle particulière de la bibliothèque impériale de Saint-Pétersbourg, qu'elle occupe encore aujourd'hui.

Les Russes apprécient singulièrement ce trésor. Ils ne voudraient pour rien au monde en être dépossédés. En 1812, lorsque la grande armée avait déjà franchi la frontière de leur pays, craignant que, si elle pénétrait jusqu'à Saint-Pétersbourg, Napoléon ne mît tout d'abord la main sur un bien qu'il considérait, à bon droit, comme bien national, ils clouèrent les manuscrits dans des caisses, et prirent des mesures pour les envoyer, à la première alerte, au fond du gouvernement d'Olonetz, certains que personne ne s'aviserait d'aller les chercher dans cette sauvage contrée.

La salle de la bibliothèque impériale de Saint-Pétersbourg, où ils sont conservés, est belle et spacieuse. Elle forme un département spécial qu'entoure une vigilance tout exceptionnelle. Chaque soir, avant de se retirer, le conservateur en ferme la porte à clef, et sur les bouts de deux petites cordes clouées à chaque battant, qu'il noue et enduit de cire molle, il appose le cachet de la bibliothèque.

Longtemps les manuscrits français conservés à Saint-Pétersbourg, nous sont restés inconnus. Je suis le premier qui ai révélé officiellement leur existence et fait apprécier leur haut intérêt. C'était en 1846, alors que je remplissais en Russie une mission du ministère de l'instruction publique. Plus tard, en 1850, chargé d'une nouvelle mission, pour laquelle l'Académie des inscriptions et belles lettres m'avait donné ses instructions, je m'occupai de nouveau des manuscrits français d'une manière toute spéciale. Mes premières recherches et les rapports qui les ont signalées, ont servi de point de départ et comme de jalons à tous les travaux que d'autres envoyés du ministère de l'instruction publique, ont successivement entrepris dans le précieux dépôt.

Les manuscrits ont été rangés plusieurs fois sur les rayons qu'ils occupent, d'après des systèmes différents. Les chiffres et les lettres collés au dos des anciens portefeuilles en maroquin rouge qui les renferment, ont également subi des changements multipliés. Il serait donc impossible, aujourd'hui, de rapprocher les portefeuilles transportés en Russie de ceux qui restent à Paris, comme on pouvait le faire encore, il y a seulement quelques années.

Dans l'exposé qui va suivre, je rangerai les manuscrits sous trois titres : manuscrits historiques, manuscrits diplomatiques, manuscrits spéciaux.

I

MANUSCRITS HISTORIQUES.

Les manuscrits historiques comprennent les documents relatifs à l'histoire générale de la France ou à certaines particularités de cette histoire. Les uns et les autres sont fort nombreux. On trouve parmi les premiers des chroniques volumineuses touchant l'état de la monarchie française, à partir des temps les plus reculés jusqu'aux règnes de Louis XIII, de Louis XIV, et même de Louis XV; une foule de Mémoires sur la généralité de chacune de nos provinces; sur leur droit et leurs coutumes; sur les finances du royaume; sur les édits, ordonnances, testaments des rois, etc. Un des manuscrits qui méritent surtout de fixer l'attention, est une Histoire de France, en 333 pages in-folio, depuis l'élévation des Guise jusqu'à la conspiration de la Renaudie, document fort rare et plein de faits curieux que l'on chercherait vainement ailleurs. Il faut ranger sur la même ligne les pièces suivantes :

Recueil de plusieurs choses mémorables, contenant différentes lettres remarquables, remontrances du parlement, mémoires et autres pièces touchant l'Histoire de France, depuis 1573 jusqu'à 1603 ;

État de la France en 1700, MS. de 377 feuillets ; une vingtaine de pièces généalogiques, expliquant les alliances de nos principales familles princières ; des Annotations sur l'Histoire de France de Mézerai ; des Relations des années 1731, 1732, 1733, MS. de 607 feuillets ; un carton contenant plusieurs bons et beaux extraits d'un livre écrit de la main de feu monseigneur le chancelier de l'Hôpital, et qui n'a jamais paru, lequel traite du comté de Flandres, du comté d'Alençon, du marquisat de Saluces, etc. ;

Chronologie ancienne des papes, empereurs romains, rois de France et de Bretagne, MS. du XVe siècle, en rouleau ;

Table de l'histoire de la cour de France sous chaque roi, depuis Pharamond jusqu'à Louis XIV, MS. de 247 feuillets ;

État des traités de paix entre les rois de France et ceux des autres pays, depuis 1465 jusqu'à 1558, où l'on trouve une harangue de M. Jean Value, premier président du parlement de Paris à l'empereur Charles V sur la délivrance de François Ier et un

journal de ce qui s'est passé en la négociation, MS.
de 368 feuillets;

Histoire des rois et ducs de la Bretagne armo-
rique jusqu'aux successeurs français (1486), dédiée
à une princesse de Bretagne, MS. de 13 feuillets;

Extrait des chroniques de Saint-Denys en France,
écrit du temps de Charles VI.

Tels sont les documents que les manuscrits français de Saint-Pétersbourg renferment sur notre
histoire générale. Les particularités de cette histoire n'y sont pas moins bien représentées. Voici
d'abord sur François Ier et sur Henri IV :

1° Histoire de François Ier roi de France, en 9 livres et 5 volumes, MS. de 2134 feuillets;

2° Lettres et autres pièces historiques relatives à
la captivité et à la rançon de François Ier, MS. de
1200 feuillets;

3° Dissolution du mariage d'entre Henri IV roi
de France et Marguerite de France fille du roi
Henri II, en 1590, MS. de 361 feuillets;

4° Briefs, discours et remarques sur la vie et
naissance de Henry le grand, où se voyent les
preuves généalogiques de l'alliance d'yceluy et
de la Reyne Marguerite de France, ensemble les
motifs, causes, poursuites, projets et pourparlez,
tant du mariage de ladite dame avec ledit Seigneur
Roy que dissolution d'yceluy;

5° Histoire des amours de Henri IV écrite par

Louise de Lorraine, princesse de Conty, MS. de 65 feuillets;

6° Conférence secrète de Henri le grand tenue pour le sujet des moyens de parvenir à l'empire avec trois de ceux auxquels il a accoustumé de communiquer ses plus sérieuses affaires, représentant les difficultés de l'élection avec les obstacles qui se peuvent opposer et de l'utilité de la possession d'yceluy [1].

A tous ces documents d'une valeur inappréciable, il faut joindre encore quatre énormes portefeuilles remplis exclusivement de lettres de Henri IV. Un littérateur français résidant à Saint-Pétersbourg, frappé de l'intérêt qu'offrait cette correspondance, s'est dévoué à la copier lui-même de sa main, et l'a transmise au ministère de l'Instruction publique. Elle figure dans la collection des documents inédits de l'histoire de France.

De François Ier et de Henri IV je passe immédiatement à Louis XIV, et c'est pour citer un manuscrit formant deux petits volumes in-12, exclusivement consacré à sa vie intime et privée. Je ne connais rien de plus charmant à lire, tant à cause du piquant et de la nouveauté des anecdotes, que de la finesse des jugements et de la verte originalité du style. Voici le portrait qu'on y trace du grand roi :

---

[1] Voyez plus bas, page 41.

« Le roy est grand, les épaules un peu larges, la jambe belle, danse bien, fort adroit à tous les exercices. Il a l'air et le port d'un monarque, les cheveux presque noirs, taché de petite vérole, les yeux brillants et doux, la bouche rouge ; et avec tout cela, il est parfaitement beau. Il a infiniment de l'esprit et très-agréable. Son geste est admirable avec ceux qu'il aime, et l'on dirait qu'il le réserve tout entier pour ceux-là. Ce qui aide à persuader de la délicatesse de son esprit, c'est qu'il n'a jamais donné son cœur qu'à des personnes qui en eussent infiniment. Il avoue que, dans la vie, rien ne le touche si sensiblement que la gloire et les plaisirs. C'est son penchant naturel. Il est un peu dur, l'humeur dédaigneuse et méprisante avec les hommes, un peu de vanité, un peu d'envie, et fort commode s'il n'était roi. Gardant sa parole avec une fidélité extrême, reconnaissant, plein de probité, haïssant ceux qui en manquent, ferme en tout ce qu'il entreprend. »

Après le portrait de Louis XIV, vient naturellement celui de mademoiselle de La Vallière. — « Cette fille est d'une taille médiocre et fort mince ; elle marche d'un méchant air, à cause qu'elle boite. Elle est blonde, blanche, marquée de petite vérole ; les yeux bruns, les regards tout languissants et passionnés, et quelquefois aussi pleins de

feu, de joie et d'esprit ; la bouche grande, assez
vermeille ; les dents pas belles, la taille maigre, les
bras plats, qui font mal juger du reste du corps.
Son esprit est brillant ; beaucoup de feu et de vivacité. Elle pense les choses plaisamment ; elle a beaucoup de solide, sachant presque toutes les histoires ; aussi a-t-elle le temps de les lire. Elle a le
cœur grand, ferme, généreux, désintéressé, tendre
et pitoyable. Elle est de bonne foi, sincère et fidèle,
éloignée de la coquetterie, mais plus capable que
personne d'un fort engagement. Si elle n'était pas
damoiselle avant sa faveur, maintenant elle est
noble comme le roi. Elle aime ses amis d'une ardeur inconcevable, et il est certain qu'elle a aimé
le roi plus d'un an avant qu'il la connût. Elle disait
souvent à une amie qu'elle voudrait qu'il ne fût
point roi. »

Après le manuscrit dont j'extrais ces quelques
lignes, d'autres viennent en grand nombre qui
traitent également de la personne de Louis XIV, et
des évènements de son règne. Je citerai particulièrement les suivants :

1° Mémoire de Loménie sur les règnes de
Louis XIII et de Louis XIV, jusqu'à la mort de
Mazarin ;

2° Recueil historique pour la minorité du roi de
France Louis XIV, sous la régente sa mère Anne
d'Autriche, MS. de 23 feuillets ;

3º Histoire galante de Henriette Stuart, MS. de 64 feuillets.

Un manuscrit relatif à la même époque, et qui n'est pas moins précieux, sans doute, bien que sous un autre rapport, que les précédents, c'est l'original du siècle de Louis XIV par Voltaire avec les corrections de sa main. Ce manuscrit figure dans la collection à côté de l'original de la guerre de 1741, corrigé de même par l'auteur.

Ce qui frappe surtout dans la masse des documents renfermés dans les manuscrits, sur le règne de Louis XIV, c'est leur importance pour l'histoire administrative de l'époque, et en particulier pour l'histoire de la marine et des colonies. Sur ce dernier chef, voici quelques titres que l'on me saura gré, sans doute, de faire connaître :

1º Histoire de la marine de France depuis 1669 jusqu'à 1700, sous les ministères de Colbert Seignelay et Ponchartrain, en 5 forts volumes in-4º.

2º Discours sommaire sur l'établissement ancien de la charge d'amiral des mers du Levant et de la fonction séparée de celle d'amiral de France;

3º Administration de Cayenne par le chevalier Turgot gouverneur de Cayenne, MS. de 452 feuillets;

4º Concession de Cayenne, ou registres historiques des colonistes établis dans cette contrée par ordre alphabétique avec la table des concessionnaires, MS. de 132 feuillets ;

5° Mémoires concernant la marine de France de 1662 à 1671, MS. de 208 feuillets ;

6° Usages et coutumes du commerce de la marine de Marseille, MS. en 7 livres et 223 feuillets ;

7° Ordonnances de Louis XIV concernant la marine, MS. de 217 feuillets ;

8° Mémoires sur le Canada, MS. de 137 feuillets ;

9° Mémoires sur les affaires des Indes.

Je reprends la nomenclature des manuscrits qui traitent des faits particuliers de l'histoire de France, me bornant toutefois, vu l'impossibilité où je suis d'être complet, à indiquer ceux qui me paraissent les plus importants.

1° Écrit d'Alain Chartier de l'an 1435, du premier jour de may, sous le roi Charles VII, touchant la guerre des Anglais en France, MS. de 28 feuillets ;

2° Histoire de le Vaillant Godefroy de Bouillon, duc de Loherene, ou histoire de la Terre-Sainte jusqu'à l'an 1265, MS. de 196 feuillets ;

3° Petit traitté par manière de cronique, contenant en brief le siége mis par les Anglais devant la cité d'Orléans, et les saillies, asiaux, et escarmouches qui durant le siége y furent faits de jour en jour, la venue et vaillants faits d'armes de Jeanne d'Arc la Pucelle, et comment elle a fait partir les

Anglais, et enleva le siége par dévotion et force d'armes, MS. de 26 feuillets ;

4° Chroniques du duc Louis de Bourbon, MS. de 176 feuillets ;

5° Copie des actes concernant le traité de confédération fait en 1494, entre le pape Alexandre VI et le Grand Turc Bajazet II, contre Charles VIII, roi de France, MS. de 50 feuillets ;

(On trouve sur la première page l'observation suivante : « L'original de ce manuscrit est à la bibliothèque de Citeau, il me fut communiqué en l'an 1717, par dom Cotheret, bibliothécaire de cette maison, homme d'esprit et de mérite.)

6° Mémoire de feu M. le duc de Bouillon, Henri de la Tour d'Auvergne, vicomte de Turenne, maréchal de France, qui naquit le 28 septembre 1555, et mourut le 25 mars 1623, à son fils, contenant l'histoire de sa vie, MS. de 109 feuillets ;

7° Secret de la négociation du retour du roy dans sa bonne ville de Paris, en l'année 1652, et celle de la réduction de Bordeaux à l'obéissance de Sa Majesté en l'an 1653, MS. de 163 feuillets ;

8° Les anecdotes de Florence, ou l'histoire secrète de la maison de Médicis, en sept livres, MS. de 331 feuillets ;

9° Deux Mémoires politiques sur la situation de la France avec l'Angleterre, auxquels est joint le plan général de guerre contre l'Angleterre, présenté à

Louis XVI en 1777. — Ce manuscrit divisé en trois cahiers vient du cabinet de M. de Sartines, ministre de la marine ;

10° Registre des prisonniers civils et criminels du grand Castel de Paris ;

11° Une série de pièces relatives à l'ordre du Saint-Esprit, à l'histoire du blason, et celle de plusieurs familles nobles de la France ;

12° Description des funérailles de madame Anne, deux fois reine de France, duchesse de Bretagne, MS. de 61 feuillets, écrit en vers et orné de neuf miniatures ;

13° Plusieurs catalogues de médailles anciennes, entr'autres celui d'une collection précieuse de médailles antiques grecques et romaines, provenant du cabinet de monseigneur le duc de Penthièvre petit-fils de Louis XIV, grand amiral de France, MS. de 7 feuillets, avec vignettes ;

14° Alliances de la maison d'Orléans, avec les armoiries ;

15° Devises et emblèmes, par M. Cartay en 1660, pour monseigneur le Chancelier de France, Pierre Séguier, MS. de 25 feuillets ;

16° État des personnes qui doivent et ont droit de manger aux tables du Roy de France, durant l'année 1720. — Signé Louis-de-Bourlon et contresigné La Faye, MS. de 274 feuillets ;

17° État et menu général de la maison du Roi de France en 1739, MS. de 163 feuillets;

18° Bulletin de Versailles, depuis l'année 1777 jusqu'à l'année 1792, MS. en 5 vol. et 1236 feuillets;

19° Histoire du Palais-Royal, MS. de 95 feuillets;

20° Recueil de tous les maréchaux de France (avec leurs armoiries), qui ont été successivement créés depuis leur institution faite par la troisième race des rois de France, à l'exclusion de l'office de maire du Palais, qui fut aboli, jusqu'au règne de Louis XIII, recueillis et mis en ordre par le sieur de Valles-Chastrains, MS. de 144 feuillets, orné d'un portrait de Louis XIII;

21° Histoire de la Pairie de France, origine des grands d'Espagne, origine de la Pairie d'Angleterre et des Paires Femelles d'Angleterre, MS. de 278 feuillets;

22° Liste des officiers de l'escadre française arrivée à la rade de Copenhague le 22 septembre 1733, avec l'extrait de chaque équipage;

23° Avertissement au Roi très-chrétien, Louis XIII, sur la guerre de religion, par un protestant, MS. de 20 feuillets;

24° Les trophées et les disgrâces des princes de la maison de Vendôme en 1669, MS. de 108 feuillets.

Parmi ces divers manuscrits, ceux qui datent du quinzième siècle sont ornés de dessins coloriés et d'enluminures, dont la plupart sont fort curieuses.

On les montre avec orgueil aux amateurs. Pour faciliter cette exhibition, on a dressé dans une des plus belles salles de la bibliothèque, une suite de vitrines en chêne, où tous les manuscrits rappelant quelques souvenirs artistiques ou calligraphiques restent ouverts et encadrés. C'est ce que les bibliothécaires appellent leur salon d'exposition.

Passons, maintenant, aux correspondances. Ici, la richesse et l'intérêt des documents ne le cèdent en rien à ce qui a été exposé jusqu'à présent. Je citerai entre autres les lettres de François II et d'Henri II, rois de France, de 1547 à 1559; de Catherine de Médicis aux rois ses enfants, à M. de Villeroi et à d'autres personnes, de 1560 à 1588; — de Charles IX, de 1560 à 1573; — d'Henri III au roi et à la reine, à M. de Villeroi et à d'autres personnes, de 1568 à 1580; — de Louis XIII et de Louis XIV.

Ces pièces sont, la plupart, en minute originale; celles qui sont d'une main étrangère portent seulement la signature autographe des titulaires.

Aux lettres émanées de plumes souveraines se joint une masse d'autres lettres d'une origine moins haute, mais d'une valeur historique au moins égale. Par exemple, les lettres de François d'Alençon; de Louis de Valois, prince d'Alais; d'Henri, duc d'Angoulême; des princes de Bourbon-Condé; de François de Bourbon-Montpensier; de Louis de Bourbon-Montpensier ; du duc de Vendôme ; du cardinal de Lorraine et de François, duc de Guise, son frère ; de Claude de Lorraine, duc d'Aumale ; des ducs, princes et princesses de Lorraine ; d'Antoine, roi de Navarre ; de Jeanne d'Albret, reine de Navarre ; de Marguerite, reine de Navarre ; de Louis d'Aubusson, maréchal, duc de la Feuillade ; de François du Harlay, coadjuteur de François du Harlay, son oncle, et agent du clergé pendant les années 1649 et 1650 ; de Champigny, intendant de la justice, police et finances en la province et armée de Provence ; de Bernard, duc d'Epernon, gouverneur de la Guyenne, à M. Séguier, chancelier de France, de 1643 à 1649 ; du duc d'Étampes, gouverneur et lieutenant-général pour le roi au pays et duché de Bretagne ; de Raimond Phélippeaux d'Herbot, seigneur de Pontchartain, secrétaire d'État de France sous Louis XIII ; d'Anne de Joyeuse, duc et pair, amiral de France ; de Loménie de Brienne, ministre secrétaire d'État ; du connétable Anne de Montmorency et de ses descendants, depuis 1521 ; de du Puysieux, ministre secrétaire d'État ; de Michel Letellier, chancelier, de France et garde-des-sceaux sous Louis XIII et Louis XIV ; du maréchal de Villars ; de Neufville Villeroi, ministre secrétaire d'État ; du cardinal de Richelieu ; du cardinal Mazarin ; du cardinal de Retz.

Ajoutez encore à cette collection :

1° Une foule de lettres, dépêches, instructions et autres pièces originales servant à l'histoire du seizième siècle ;

2° Un recueil de lettres originales des hommes illustres du dix-septième siècle, servant à l'histoire de ce siècle ;

3° Un recueil de lettres d'affaires, de missives et autres documents des différents parlements, capitouls et autres tribunaux de France, adressés au chancelier Séguier, depuis 1633 jusqu'à 1669 ;

4° Un recueil de lettres originales de différentes personnes employées dans les affaires d'État, adressées à M. Séguier, depuis 1633 jusqu'à 1636.

5° Brefs adressés par les papes aux rois, reines, princes et principaux ministres de France de 1492 à 1528. Ces brefs sont originaux et sur vélin. Perte irrréparable et que déplorent amèrement nos savants paléographes.

11

La partie des manuscrits, relative à la diplomatie, est peut-être moins riche que les autres catégories, mais elle ne leur est certainement inférieure ni en importance ni en intérêt. On en jugera par l'énumération suivante :

1° Traité de Munster et d'Osnabruc, en trois volumes, où l'on trouve un mémoire du roi à Messieurs les plénipotentiaires, du 6 janvier 1646, et une lettre des plénipotentiaires à M. de Brienne, MS. de 1056 feuillets ;

2° Lettres et dépêches de Messire Paul Huraut, sieur du Maine, conseiller du roy en son conseil, et son ambassadeur à Venise, avec les réponses ès années 1589, 1590, 1591, 1592, 1593, MS. de 1192 feuillets ;

3° Ambassade d'Espagne des sieurs de Lymoge

et de Saint-Sulpice, en 1561 et 1564, MS. de 411 feuillets ;

4° Minute autographe d'une correspondance de quelque agent secret employé près la cour de Versailles en 1734.

Il est probable que cette correspondance aura été saisie sur l'agent et déposée à la Bastille, d'où elle sera venue à Saint-Pétersbourg.

5° Ambassade de M. de Sillery à Rome, touchant la négociation de la comprotection, promotion des cardinaux, restitution de la Valteline et dépôt d'icelle, avec les instructions pour la demande des sommes immenses envoyées par le marquis d'Ancre au grand-duc de Toscane, et de plusieurs autres affaires générales en 1623, MS. de 382 feuillets ;

6° Lettres originales de Louis XIII à M. de Césy, ambassadeur à Constantinople, et à M. de Léon, ambassadeur à Venise ;

7° Lettres originales de Marie de Médicis à M. de Léon, ambassadeur à Venise ;

8° Dépêches originales du cardinal d'Armagnac et du cardinal Mazarin ;

9° Item de M. de la Barde, ambassadeur de France à Osnabruc ;

10° Item du duc de Béthune, ambassadeur à Rome ;

11° Item de Bouthillier, et de Chavigny ministre secrétaire d'État ;

12° Item des ambassadeurs de France à Rome et au concile de Trente;

13° Item de M. Jaugy, ambassadeur à Vienne;

14° Item de MM. de La Motte Fénelon et de la Borderie, ambassadeurs à Londres, en l'année 1567 et suivantes;

15° Item de M. de Laubespine, ambassadeur en Espagne en 1560;

16° Item du chevalier de Seure et du sieur de Nicot, ambassadeurs en Portugal, depuis 1559 jusqu'à 1561 inclusivement;

17° Correspondance autographe de M. d'Allion, ministre de France à la cour de Russie, pendant les années 1744 et 1745.

A toutes ces lettres ou dépêches, il faut ajouter les réponses, en minute ou en copie, des rois ou des ministres auxquels les ambassadeurs écrivaient. Ces pièces se trouvent aussi à la bibliothèque impériale, en sorte que la collection diplomatique y présente un système de correspondance tout à fait complet.

Ce qui mérite surtout de fixer l'attention dans cette correspondance, ce sont les lettres du cardinal de Mazarin à M. Brasset, résidant pour Sa Majesté près MM. les États-Généraux des Provinces-Unies des Pays-Bas. Ces lettres forment un corps d'instructions, où le génie de Mazarin se déploie tout entier. Il ne s'agit, du reste, de rien moins que du traité de Westphalie. Mais, comme la négociation en est conduite! Quelle profondeur dans la conception du plan! quelle force dans la manœuvre! quelle prévoyance des moindres obstacles, quelle habileté à les éviter ou à en triompher! Pas un mot dans ces lettres qui rappelle l'Italien. Mazarin s'y montre exclusivement Français; une seule idée l'y préoccupe : la gloire et la prépondérance de la France. Nos lecteurs pourront bientôt, sans doute, apprécier par eux-mêmes ce beau chapitre de notre diplomatie, dont la copie a été transmise par nous à M. le ministre de l'Instruction publique.

En attendant cette publication générale, voici sur le même sujet, une dépêche adressée par Mazarin au baron de Rorté, Ministre de France à Stockholm. Outre que cette dépêche nous initie parfaitement à la manière et au style du cardinal, elle nous le montre encore absorbé par cette grande idée qu'il n'a cessé de poursuivre durant tout le cours des négociations du traité de Westphalie : savoir qu'à tout prix il fallait empêcher des alliances partielles entre les puissances, et ne se reposer qu'en présence d'un accord général et simultané. La dépêche de Mazarin au baron de Rorté est du 20 août 1643.

« Monsieur, j'ai escrit depuis peu l'estat de cette cour, et de la constante volonté de la Reyne de poursuivre jusqu'au bout les desseins commencez

pour le bien de la Confédération, et de ne mettre
jamais les armes bas que par un traité de paix générale. — Vous lui en confirmerez les assurances,
et lui représenterez qu'on en peut voir les preuves
indubitables par l'effort que nous venons de faire
pour la prise de Thionville, dont les fruits ne doivent pas être moins communs à nos confédérés
d'Allemagne qu'à cette couronne. On va aussi envoyer un renfort considérable au mareschal de
Guébriant, pour agir avec plus de vigueur contre
l'armée bavaroise, et l'on fait des subventions extraordinaires à M\^e la lantgrave de Hesse, pour luy
donner moyen de tenir la campagne du côté de la
Vestphalie. Qu'en un mot, on a résolu de s'appliquer aux choses d'Allemagne plus fortement qu'on
a fait jusqu'ici, et de redoubler nos efforts de ce
costé là pour contraindre nos ennemis de venir à
une paix qui soit honnête et qui ait de la durée.
C'est ce que vous lui ferez principalement valoir,
et le conjurer de faire en sorte que tout mouvement d'ombrage et de défiance mis-à-bas, la couronne de Suède ne corresponde pas seulement
comme elle a fait auparavant aux bonnes intentions de ses alliés, mais qu'elle s'unisse encore plus
étroitement de volonté et d'action avec luy, et
surtout qu'il se forme une communication d'assistance réciproque plus intime qu'elle n'a été par le
passé entre les armes Suédoises et les Hessiennes;

puisque cette forte et sincère correspondance faira fleurir et prospérer la cause commune avec des avantages plus certains et plus durables qu'ils ne seraient autrement, des membres qui la composent. Vous n'oublierez pas aussi de luy représenter comme la prospérité accompagne partout les justes desseins de S. M. Que Villeneufre d'Aste la meilleure forteresse du Piedmont, et qui met tout cette province en liberté, a, depuis peu, été réduite sous l'obéissance de M. le Duc de Savoye. Que l'armée du Roy est maintenant devant Turin, place imposante du Montferrat, et la réduction de laquelle le donnera tout entier à M. le Duc de Mantoue. Que le mareschal de La Mothe a une puissante armée sur les frontières de l'Aragon, pour exercer le roy d'Espagne qui est venu en personne à Sarragosse pour s'opposer aux armes victorieuses de la France, et que le duc de Brézé est en la coste de Catalogne pour appuyer par mer, s'il en est besoin, ce que le mareschal de La Mothe entreprendra du costé de terre. Qu'au reste, le dedans de l'Estat ne saurait être plus tranquille, et que la prudence et la bonté de la Reyne telles qu'elles estouffent de tous costés jusqu'aux moindres semences de divisions et d'aigreurs particulières. De sorte que nos amis se peuvent seurement moquer de la vanité des bruits que nos ennemis font courir, que nous sommes à la veille d'une discorde civile ; et qu'il y a parmi nous de la matière toute preste pour le trouble. Vous appuyerez principalement sur ce point, et fairez voir que les forces manquant à nos ennemis pour nous nuire, ils se consolent de la vérité de leur malheur par cette fausse espérance, ou au moins en repaissent la facilité des peuples, pour adoucir le désespoir où ils commencent d'entrer. »

III

MANUSCRITS SPÉCIAUX.

CONFÉRENCE SECRÈTE DE HENRI-LE-GRAND,

Tenue pour le sujet des moyens de parvenir à l'Empire avec
trois de ceux auxquels il a accoustumé de communiquer
ses plus sérieuses affaires, représentant les difficultés
qui se peuvent opposer, et de l'utilité de la possession
d'Ycelluy.

« MONSIEUR,

« Ce n'est rien de nouveau de venir faire en la
cour de Rome, et en beaucoup d'autres endroits
d'Italie tant et si divers discours sur les occurrences des affaires générales qui naissent journellement en la Chrestienté et ailleurs, et ce que
vous mandez y estre aujourd'huy le plus commun
en la bouche des hommes sur l'Élection du Roy
des Romains n'est pas possible sans quelque appa-

2*

rence de raison sur l'appréhension du péril que semble leur estre redoublé en la prise de Canne et la volonté qu'ils tesmoignent de veoir eslevé à cette dignité quelque grand et magnanime prince qui puisse porter sa propre valeur, ses forces et sa réputation au-devant d'un si cruel et inévitable orage qui les menace et véritablement plustost digne d'estre aydée que méprisée, mais de faire un fondement si certain en la personne de nostre Roy sur qui dites qu'un chacun jette les yeux pour les grandes et particulières qualités qui se rencontrent en lui propres à relever et soustenir la dignité de l'Empire, il semble que le désir en passe l'espérance, non que Sa Majesté en appréhendast la peine, le hazard, ni le péril de sa personne, ni des chefs hommes de commandement et moins ce qui est de ses moïens et commodités particulières. Car, au contraire, j'estime qu'il y tiendrait l'un et l'autre bien emploïé, s'il estait ainsi jugé nécessaire et utile pour le salut de la Chrestienté. Mais possible que toutes les autres nations ni les Princes qui les dominent soit pour leur intérest, ou pour ce que l'on appelle autrement raison d'Estat, ou pour se veoir esloignés du danger ne se trouveront pas tous concurrens à l'opinion des Italiens. Et d'estimer que Sa Majesté voulust parvenir à cette dignité par des moïens secrets et menées couvertes, ne croyés jamais cela d'elle. S'il vous plaist elle est et a tou-

jours esté fort esloignée de toutes ces inventions
mondaines, remestant à la Providence divine le
progrès et la fin de tous ses desseins, qui par là lui
ont toujours ainsi heureusement réussi qu'il en a
pieusement et modérément désiré l'exécution. On dit
bien icy néantmoins que lui ayant esté faite cette
proposition depuis quelque temps, il voulut der-
nièrement en faire discourir quelques-uns en sa
présence, et se défiant en cela prudemment de
soy mesme, et pour ne se détailler en rien, en
avoir l'avis de trois de son conseil, avec lesquels
il confère volontiers de ses plus secrètes et sérieuses
affaires. Et les en ayant en ses promenoirs des
Thuilleries entretenus séparément selon sa cous-
tume, et à diverses fois, et leur ayant représenté
la grandeur et importante qualité de cette action,
il leur commande de la bien penser et peser et se
préparer à lui en dire leur advis, et surtout lui en
parler si franchement et nettement qu'il ne lui
restast rien à désirer d'eux ni des autres là-dessus,
que outre cela il entendait que chacun en mit son
opinion par escrit pour ayder à sa mémoire, afin
d'y avoir toujours recours, les conjurant par l'affec-
tion et obéissance qu'ils lui doibvent de laisser
toute passion et intérest particulier en arrière,
comme de sa part, il leur protestait n'y avoir aucun
désir autre que celui de la gloire de Dieu, l'exaltation de son saint nom, et le repos commun de la

Chrestienté. Quelques jours après Sa Majesté s'estant retirée en son cabinet et fait commandement que personne ne se présentast d'une heure ou deux, il fit appeler ces trois personnages et les ayant remis sur ce mesme propos, ils dirent tous qu'ils eussent bien désiré que pour une affaire si grande et si importante, il pleust à Sa Majesté en avoir l'advis de plus grand nombre de ceux de son Conseil, reconnaissant combien leur serait dur à supporter le blasme qui leur en arriverait si leur opinion avait servi de fondement à cette résolution, et qu'il en advint au contraire de leur intention qu'ils portaient aussi nue devant la face de Sa Majesté comme ils désiraient porter leur asme neste devant celle de leur Créateur, et que partant, ils la suppliaient très-humblement de se résoudre à faire l'assemblée plus grande ou les dispenser de ce commandement; ce que n'ayant pu obtenir, et ayant Sa Majesté fait signe à l'un d'Iceux qu'il parlast et commença à dire ce qui suit :

« Sire, si les entreprises grandes et difficiles ne portaient avec elles quelque apparence de péril et de hazard, il serait bien malaisé de juger de la grandeur de courage et générosité de l'entrepreneur. Cette-ci sur laquelle Vostre Majesté nous a commandé de parler et discourir en sa présence pourrait de prime face estonner un prince moins résolu et esprouvé que luy, à qui Dieu semble qu'il

ait voulu réserver cette occasion pour le comble de
l'honneur et de la gloire qu'il peut acquérir icy
bas, pour le salut de tant d'âmes qui gémissent
en attendant le bras vainqueur et secourable de
Vostre Majesté. Sire, pour me rendre moins
ennuyeux et possible mieux intelligible, en ce
qui est de mon opinion, j'en sépareray et distin-
gueray les chefs sur lesquels je prétends faire
fondement, considérant en premier lieu si l'entreprise est honorable de soy, et après si elle est
utile, et si en l'effet il y a plus de possibilité que
d'empechement, car si elle se trouve comme
j'espère faire voir, d'elle honorable, utile et
possible, je ne craindray point de soustenir qu'il
n'est pas seulement bien séant à Vostre Majesté
de s'y jetter, mais qu'il serait à craindre que
sa mémoire en reçust quelque blasme s'il la négli-
geait et desdaignait. Qu'il y ait de l'honneur, comment le pourrait on nier puisque l'on scait assés
qu'il ne vous peut rien rester à désirer pour vostre
particulier après cette suprême dignité qui par tant
d'années a illustré la Couronne de France, et rendu
le nom français si craint et si redouté en toutes les
parties de la terre, et aux lieux plus esloignés de
l'une et de l'autre mer avec les prérogatives et
marques de grandeur dont il ne se lit point de
pareille. Et cette Couronne ne fust pas possible si
aisément passée es maisons de Saxe et d'Autriche

qui l'ont si longuement tenue depuis, s'il se fust
trouvé de nos Princes français qui l'eussent industrieusement conservée et depuis poursuivie comme
les autres ont fait. Mais si l'on peut tirer quelques
fois du proffit du notable dommage et de l'honneur
d'un si grand accident qui semble nous devoir
altérer, je veux croire, Sire, que la Chrestienté
abattue et combattue d'un si puissant et fier
ennemy par tant et tant d'années, ne prépare pas
un moindre prix et poids de grandeur et de réputation à Vostre Majesté qu'elle eust peu distribuer
à plusieurs de vos devanciers, s'ils se fussent conservé cette couronne Impériale qui rendra vostre
chef tellement orné et le nom Chrestien si véné-
rable que le Turc bornera son nom et ses armes
autant par de là Constantinople que son arrogance
et vanterie le pensait planter et estendre par de ça.
Et vous verrés d'autant accroistre et aller vostre
gloire que l'on veoist le péril en nos jours croistre
et augmenter sans grande apparence de l'éviter
par son effort extraordinairement, auquel il semble
ne se veoir rien de bien préparé faute d'un chef
pourveu de qualités nécessaires à un si grand
dessein. Il peut y avoir plusieurs et divers honneurs plus particuliers et plus attachés à cette
suprême dignité que je laisse en arrière sachant
assés combien Vostre Majesté les prise peu au prix
de ceux qui viennent de sa propre vertu et géné-

rosité de courage. Et à ne m'estendre davantage
sur ce point, si j'estimais qu'il se trouvast personne
et que outre cela il ne se rencontre assés de matière par le cours du temps pour rendre le nom et
la mémoire de Vostre Majesté aussi pleine d'honneur et de réputation es lieux où elle n'a point fait
veoir ses armes comme elles l'ont rendu clair et
permanent aux endroits qui ont eu ce bonheur
d'esprouver autant sa clémence que ses heureuses
victoires. Mais parce qu'il ne se veoist point d'objection assez forte pour destruire ce point honorable,
je le tiendray, Sire, pour bien résolu. Et venant au
second chef qui est de l'utilité particulière que
vous en recevrez et l'autre de celle que vous en
ferés recevoir à autrui sachant assez que Vostre
Majesté ne tient pas l'une en moindre réputation
que l'autre. Et s'il y a quelque différence elle se
remarque souvent beaucoup plus à l'advantage des
siens que du sien. Si j'entendais parler de ce que
plusieurs appellent utilité, qui est d'amasser trésor et richesses sur richesses, il ne me serait pas
malaisé de monstrer combien il y peut avoir lieu
d'en espérer en abondance par les succès heureux
qui se peuvent attendre de vos conquestes. Mais
reconnaissant que ce n'est pas de là d'où les
Princes tirent la leur, je ne m'y arresteray pas et
la chercheray en la grandeur et la dignité, et au
moïen de s'agrandir en diminution pour en tirer

cette vive et esclatante réputation à laquelle visent
toutes les laborieuses actions du Prince, d'où s'en-
gendre cette glorieuse utilité, qu'il a à rechercher
en tout le cours de sa vie qui n'est autre chose
enfin que le bien, repos et salut de ses peuples,
lesquels ayant rendus ainsi commodes et opulents
sont les coffres les plus asseurés de ses trésors
inestimables. Et combien que j'ay distingué et séparé cette utilité en deux, il la faut néantmoins re-
joindre ici pour une très grande connexité, reconnaissant avec beaucoup de bons politiques que tout
ainsi que l'une et l'autre naist et marche tousjours
d'un mesme pas, aussi ne peuvent-elles pas longuement subsister l'une sans l'autre. Vos naturels
sujets, Sire, le sentent et l'esprouvent assés et en
louent et remercient Dieu journellement. Les autres
nations leur envient ce bonheur, en attendant le
mesme de vostre généreuse valeur et triomphant
Empire, comme ceux qui ont plus besoin de vous,
que vous deux. Et quelle utilité doibst estre plus
grande que faire bien à tous et bien à soy-mesme?
Il n'y a point d'autres utilités pour les Princes, et
celle là a toujours esté estimée si recommandable
que quelques personnes privées l'ont bien osé rechercher en cela, selon le grade de leur condition
dont ils n'ont été que fort loués et estimés. Partout,
Sire, je ne craindray point de soustenir qu'en l'affaire qui se présente, se rencontrant de l'honneur

et de la réputation ainsi que j'ay dit, elle y con-
duise aussi l'utilité par la main. En telle sorte
qu'elle se trouve et trouvera tousjours inséparable.
Mais tout ce discours se trouverait vain et inutile,
si la possibilité y déffaillait, en quoy il semble que
gise le plus fort de tout ce qui se traite icy. Or,
nous ne sçaurions mieux prouver cette possibilité
qu'en lui mettant au devant tous les obstacles et
empêchemens qui s'y peuvent rencontrer, afin
que se faisant faire place parmy tout cela, elle se
trouve plus visible et quasi palpable. Il la faut
donc premièrement chercher à présent en la première action qui est de l'élection à ce titre de Roy
des Romains qui désigne la Couronne Impériale,
et puis après par la fonction de cette charge lorsque
vous en serés pourveu. Quant à l'Election on sçait
bien encore Dieu mercy que les moïens furent
ceux dont les feus Empereurs Charles V et François Ier se servirent en l'année 1519, et d'où vient ce
qui en réussit en la diète de Francfort par les Arche-
vesques de Mayence et de Trèves pour l'une part et
pour l'autre semble ne procéder que de l'appréhension du mal, et désir du bien qu'ils en attendaient. Et
si quelques uns n'eussent joué le jeu qu'ils jouèrent
lors pour leur intérêt particulier, on ne sçait pas si
l'Election fust tombée où elle tomba; quoi qu'il en soit,
je ne voy qu'il y ait lieu de craindre que l'on puisse
entrer en comparaison du temps d'alors à celui du

présent ni de personne non plus que la disposition des affaires. Nous sçavons assés qui sont ceux qui y peuvent prétendre autres que Vostre Majesté. Il y aura le Roy d'Espagne, les Archiducs Albert de Flandres, Ferdinand Mathias et Maximilien frères de l'Empereur. Car quant aux autres Princes Alemans ou Italiens, il semble n'y en avoir point de cette portée. Que l'on alle donc examinant de près tout ce qui se peut alléguer pour en exclure ces cinq premiers. Il s'y trouvera sans doute beaucoup plus de choses à dire que ne fit le dit archevesque de Trèves parlant pour le dit Roy François : Et d'ailleurs on verra cesser toutes les objections qui luy furent faites par celui de Mayence, parlant pour Charles cinquième. Je veux donc inférer par là que cessant ces appréhensions et demeurant vives et entières celles qui furent déduites contre la maison d'Autriche, auxquelles il s'en pourrait possible ajouter des nouvelles et la Chrestienté estant dans la nécessité où elle est, que chacun sçait pour le défaut d'un grand chef, il y aurait lieu de bien espérer de cette négociation pour laquelle on n'a pas faute de bons Instruments, Ministres et moïens, tels qu'ils y peuvent être requis. A quoy il est indubitable que le Pape bandera tous ses esprits, tant pour les intérêts généraux, que pour le particulier désir de ses neveux qui ne sont pas vuides d'espérance de s'agrandir en États en quelques endroits voisins du domaine vénitien, et ce que le Sr Jean François Aldobrandiny a fait apprendre la langue Esclavonne à son fils aisné n'a pas été possible sans quelque apparence ny mistère caché que ce qui s'en dit par la ville de Rome, et aussi, Sire, à ce que l'on peut juger par conjectures plus vraysemblables. Je tiens que Vostre Majesté se trouverait portée à cette dignité plus par les brigues et desseins d'autrui que par les siennes, estant certain que sa saincteté vous y désirera bien davantage que nul autre Prince, même de ceux de maison d'Autriche, et que partant il n'y oubliera rien pour les raisons susdites. Pour le regard de la fonction de cette charge, je serais trop téméraire si j'entreprenais d'en dire ici aucune chose que j'estimasse vous y devoir servir d'instruction, reconnaissant avec un chacun que tout autre ainsi que Vostre Majesté nous excède tous en grandeur et dignité, de mesme nous excède-t-elle en jugement et prudence outre la grande et certaine connaissance qu'elle a plus que nul autre des affaires de la Chrestienté. Je diray seulement avec votre permission, qu'il pourrait bien arriver que le Grand Seigneur sçachant cette Élection estre tombée en vostre personne, tempererait un peu ses desseins és la Hongrie, mesme ayant sceu que le Roy de Perse recherche par ses Ambassadeurs qu'il a envoyés en divers endroits, et lors serait-il possible bien à propos de chercher et establir une si ferme paix avec luy qu'on n'eust point occasion de craindre le peu de foy qui s'est remarquée autresfois en ces gens là ou bien se disposer brusquement à l'ofensive sur ses États propres, selon les desseins qui en ont été projestés il y a longtemps. A quoi vous n'aurez pas fait de bonne et grande assistance pour l'espérance que chacun aurait et à bon droit en la valeur et générosité de Vostre Majesté laquelle je supplie très humblement me pardonner si j'ay abusé de sa patience m'estendant plus possible que je ne devais en beaucoup de particularités inutiles, croïant que je ne suis et ne seray jamais poussé d'autre zèle que celui que je dois naturellement à la grandeur et gloire de son nom. »

« Le Roy qui avait attentivement ouy cette première opinion, ainsi affirmative dont l'ordre et la division ne lui despleut pas, sans toutesfois qu'il fist aucune démonstration de l'approuver ou réprouver, commanda à l'autre de parler, lequel avec quelque petite préface d'excuse dit :

« Sire, si j'étais d'opinion pareille à celle que Vostre Majesté viént d'ouïr, il me resterait peu de chose à dire sur l'affaire qu'elle nous fait délibérer en ayant esté suffisamment discouru, et par un si bel ordre qu'il ne se peut rien desirer davantage sinon que le dernier chef se trouvait ainsi aisé, comme on peut librement confesser. Le premier est bien peu contraire au deuxième si ce n'est en la substance de l'utilité qui n'a ce semble esté traité que mistiquement. Mais par ce que, Sire, je ne puis demeurer d'accord de tout cela, j'ameneray icy quelques objections pour vous les mettre en considération par le même ordre qui a esté tenu en la déduction de cette première opinion y adjoutant les raisons qui me semblent nécessaires à les fortifier; sans toutes fois aucun fard ni ornement d'exemples, ni de langage qui ne me fust jamais familier, et sans m'arrêter sur ce qui est de l'honorable que vous y avez veu si disertement traiter, encore qu'il se pourrait dire que cette espérance d'honneur pourrait et devrait à l'advanture davantage chatouiller le cœur et les esprits de quelque jeune Prince moins expérimenté et passé par tant d'endroits où il se trouve que Vostre Majesté qui est reconnue d'un chacun en estre aussi couverte que les autres désirent en estre revestus, possible à meilleur prix qu'elle n'a fait. Je viendray à ce qui est de l'utilité qui a été fort bien distinguée et rendue quasi inséparable, désirant de tout mon cœur qu'il se trouvast aussi peu à dire sur ce chef que sur l'autre. Je seray néantmoins bien d'accord que l'une des principales utilités que les Princes tirent de leurs armes est la réputation, mais que cette réputation seulement s'estend au bénéfice commun de ses sujets, j'y ferais quelque peu de doubte. Je voudrais, Sire, chercher une partie pour l'un et pour l'autre, en quelque autre endroit à commencer par l'asseurance de ce que l'on a auparavant que d'ymaginer celui d'autruy. Les fondements et les raisons de la paix qu'il a pleu à Dieu par le ministère de Vostre Majesté donner à cet Estat, ne sont pas encor si fermes qu'ils ne puissent avoir à l'advanture souvent besoin de vostre présence pour les soustenir et redresser, lorsque les vents contraires les voudraient ébranler. L'authorité presque Roïale de tant et tant de personnes qui s'estaient eslevées, durant nos derniers malheurs, n'est pas encores tellement esteinte que quelque faction ne se fist aisément revivre s'ils y voïaient tant soit peu de jour par l'occupation de Vostre Majesté en quelque autre dessein, et plus encores s'il reculait sa présence, comme il pourrait bien arriver en cettui-ci, et ce serait lors mais trop tard, qu'on s'appercevrait si une utilité domestique et asseurée est plus advantageuse qu'une autre incertaine et loingtaine dont la peine, le hazard et le péril peuvent passer de bien loing ce proffit et le plaisir que l'espérance en avait fait concevoir. Sire, ceux qui pensent se connaistre le mieux aux affaires du monde, nous disent avec quelques apparentes raisons que la dignité impériale séparée de la maison d'Autriche et des deux dignités roïales de la Hongrie et de

Bohëme que tient aujourd'hui l'Empereur Rodolphe et qui sont séparément électives et attachées à l'Empire n'est pas en effet ce que plusieurs en croient, n'y aiant nul revenu certain et arresté, outre bien peu de chose que aucunes villes Impériales payent d'ordinaire qui ne surpasse plus de quarante mil talers par an, si ce n'est ce qui s'accorde à L'Empereur aux diètes qui se tiennent selon les occurrences qui naissent pour la conservation des terres de l'Empire, ou pour la guerre du Turc; en quoi il y a tant de peine, de traverses et de longueurs que le plus souvent le tout se termine à bien peu de chose. Je sais bien qu'on me dira que les Princes et Potentats d'Allemagne et autres sçachant ce que dessus, ne permettront pas que ces Couronnes de Bohëme et d'Hongrie tombent en autres mains qu'en celles de celui à qui la dignité Impériale sera désignée. Je veux bien leur accorder cela, mais il faut examiner l'état auquel l'un et l'autre de ces royaumes se trouvent à présent après tant et de si longues guerres qui y ont esté. Le royaume de Bohëme est véritablement le plus entier comme le plus esloigné des conquestes du Turc, et néantmoins il ne vaut pas plus de quatre cent mil talers de revenu. Celui de Hongrie est aujourd'huy si misérablement partagé que de soixante-dix Provinces à quoi il estait tousjours divisé, il n'en reste que vingt-huit où le nom de Chrestien

soit connu, encore que de ces vingt-huit il y en a
quatorze où la domination du Turc, est bien aussi
forte que l'autre. Et de ce reste, il est bien malaisé
que l'Empereur en tire tous les ans pour les dépenses ordinaires de ces deux États. Le reste ne pa-
raistrait pas beaucoup pour satisfaire aux dépenses
extraordinaires qui peuvent survenir. Et aussi, au
lieu de l'utilité qu'on voudrait se figurer de ce
dessein, il serait à craindre qu'il ne falust bien
avant fouiller en notre propre bourse pour maintenir cette nouvelle dignité. Car, d'en fonder la dépense sur les conquestes, il y aurait peu d'apparence à mon jugement quant bien elles réussiraient
toutes heureusement, puisqu'en regaignant pied à
pied ce que le Turc a usurpé en Hongrie, il serait
bien dur et injuste si on n'y restablissait ceux qui
en ont esté despossédés ou les leurs, s'ils ne se trou-
vaient en vie. Et en cela, il se trouverait plus de
de piétié et de commisération que d'envie et dessein
de s'enrichir parmy tant de misères et de pauvretés
qui ne cesseraient pas bien tost à cause des grosses
garnisons, qu'il faudrait tenir en toutes ces nouvelles places de conquestes pour ne les laisser pas
tomber en son pareil ou possible pire accident que
le premier. Pour le regard de la possibilité de parvenir à cette dignité qu'on trouve si facile, je suis,
Sire, d'une opinion toute opposite et toute contraire
à celle que vous avés jà entendue et prétends de

vous faire voir que les mesmes personnes, leur intérest et dessein que l'on croit vous y devoir intro-
duire, sont ceux-là mesme qui vous en reculeront
et rejetteront : Pour me mieux expliquer, je mettrai
d'un costé ceux qui ont possible occasion de le désirer et de l'autre ceux qui l'empêcheront ouvertement
et couvertement, les premiers, à mon advis seront
ceux qui comme plus proches du péril, en appre-
hendent aussi davantage leur ruine, et fonderaient
à bon droit leur espérance sur le bonheur, la valeur et la réputation de vos armes. Mais je tiens bien
que ce sont ceux là qui y ont le plus de puissance
car ce sont ceux qui en partie ont tousjours leurs
vieilles prétentions attachées sur la Transylvanie
et Moldavie dont partant les poursuites seront sus-
pectes et rejettées. Je veux que les Polonais et
quelques uns des Princes d'Allemagne, les uns
vos amis, et les autres non, y contribuent aussi,
recherchez particulièrement ce que chacun y peut,
et vous les trouverés tous bien esloignés des forces
et intelligences qu'il est nécessaire d'avoir pour un
tel dessein, encores que possible ils le trouveront
plus juste et plus pieux que celui des autres lesquels prendront l'affirmative contraire pour l'empescher sur la mesme valeur et générosité, et se
donneront bien une autre interprétation que les
premiers croïans à l'ordinaire que l'envie de donner et posséder de grands États ne meurt jamais

3*

en l'esprit des Princes magnanimes et s'imagine-
ront que Vostre Majesté estant accreue en dignité
voudra aussi s'accroistre en domination mesmes
sur les prétentions que cette couronne a sur divers
États de la Chrestienté, où ils craindront bien plus
que l'effort de vos armes tombe, qu'ils n'espére-
ront qu'elles allent fondre sur les usurpations du
Turc qu'ils ne tiennent pas si faciles, et me semble,
Sire, estre du tout hors de raison et d'apparence
de croire que de ce costé icy qui est sans doubte
fort, vous n'y eussiez tous les empeschements et
traverses qui se peuvent imaginer, des uns ouvertement comme d'Espagne, d'Angleterre, et Païs-bas,
des autres moindres Princes, et qui craindront de
vous offenser soit d'Italie ou d'Allemagne couvertement par pratiques et intelligences fondées sur
leur intérest où il ne sera pas malaisé d'embarquer
leurs voisins aussi faciles et craintifs. Et ainsi au
lieu de cette grande facilité, il est indubitable qu'il
se rencontrera une notable impossibilité avec un
extrême regret d'en avoir entrepris la poursuite.
Partant, Sire, je finiray mon opinion sur le dernier chef, puisque me rencontrant en ceci, et ne
trouvant que l'honneur dont Vostre Majesté est
plus que suffisamment pourvue d'ailleurs, et l'utilité n'y estant quasi point du tout en l'impossibilité
se descouvrant toute manifeste que Vostre Majesté
se peut et se doibt contenter des grâces que Dieu

lui a dispensées jusques à présent et laisser jouir
ses peuples du repos et de la paix que Dieu leur a
donnée par vostre moïen, sans vous embarquer
en de nouveaux desseins qui ne vous sçauraient
apporter que de désavantage en toutes sortes. »

« Le Roy sur cette seconde opinion demeura
aussi ferme et résolu que sur la première ou estant
jà tard, il commanda au dernier d'abréger le plus
qu'il pourrait, lequel obéissant au dit commandement dit ainsy :

« Sire, il me serait aisé d'abréger mon discours,
et former mon opinion en bien peu de paroles, si
j'estais de l'une ou de l'autre des deux opinions
précédentes, mais ne me pouvant accorder entièrement à pas une des deux, je supplie très
humblement Vostre Majesté de me permettre qu'en
m'acquittant de mon devoir, je lui représente ici
nettement et sans fard ce que je sens en mon âme
sur cette proposition qu'il vous a pleu nous faire,
la reconnaissant très importante ou au bien ou au
mal de cet État, et pleine de grandes et fortes considérations pour la réputation particulière de vostre
personne afin qu'en l'entreprise et en la procédure
qu'on y pourrait tenir nous fassions perdre cette
ancienne opinion que les estrangers ont toujours
eue de nostre légèreté. Sire, en l'une et l'autre des
deux opinions que Vostre Majesté vient d'ouïr, il y
a esté tenu bon ordre et la méthode qui s'observe

en la délibération des plus hautes et notables entreprises, en ayant esté fort bien discouru des commodités ou incommodités qui s'y peuvent rencontrer. Mais tout ainsi que je ne puis du tout approuver
la première, mesme en ce qui est de l'impossibilité
ny la deuxième non plus en l'empeschement qui s'y
pourrait trouver croyant que le temps et les occasions
qui pourraient naistre apporteraient à l'advantage
autant de facilité pour surmonter l'une que de
mauvaise rencontre pour traverser l'autre. Je ne
sçaurais pas être d'advis qu'une affaire de telle importance se traitast et s'achevast sans que Vostre
Majesté s'en fust mêlée y ayant tant et si notable
intérest comme elle a dit. Et je dis, Sire, que pour
ce qui concerne l'honneur et utilité de Vostre Majesté; l'ayant ouy si diversement traiter, et n'ayant
pas entrepris, ni de l'approuver, ni reprouver, elle
en fera, s'il lui plaist, le jugement elle mesme, et
je me contenteray de luy représenter simplement
par la facilité de l'entreprise qui est par où il faut
commencer, que les plus fortes et importantes considérations qui se peuvent apporter à une telle
affaire furent fort bien et industrieusement trai-
tées, et discourues en la Diète de Francfort l'an
1519, lors de l'eslection de l'Empereur Charles cinquième, mais ce qui en sortit, et qui en fut veu en
public, ne fut pas possible le plus secret nœud et
le plus facile moïen de toute l'affaire. Et ce que

nous en avons par tradition de nos pères, passe
bien plus avant estant certain que ce dont le Roy
François se servait estait seulement pour authori-
ser sa prétention et la faire valoir et considérer par
dessus les autres, qui estait son heur et sa valeur
nouvellement tesmoignée à la face du soleil en la
bataille de Marignan et la conqueste du Duché de
Milan et de Gennes, ses prétentions sur le royaume
de Naples, ses amitiés et intelligences à Rome
d'Italie et ailleurs, le voisinage et anciennes
alliances fraternelles et amitiés de la Couronne de
France avec les Princes de Germanie. Ce fut tout
cela véritablement qui l'en fit exclure, les Italiens,
les Alemans ne trouvant nulle sureté certaine pour
leurs États en l'agrandissement d'un tel monarque,
et creurent mais vainement toutesfois de trouver le
dit Charles beaucoup plus souple et moins contraire à leur liberté, et outre cela moins à craindre
En laquelle créance ils furent vainement entretenus
par l'un des premiers Princes de la Chrestienté,
encore qu'il en fist en apparence une démonstration toute contraire. Je sçais bien qu'on peut dire
que nous n'avons en Italie ce que nous y avions
alors. Il est vray, mais aussy il y a en vostre personne tant et tant d'autres qualités qui n'estaient
point au Roy François que comparant l'une à
l'autre, il est certain qu'ils trouveront plus à craindre à présent, qu'ils n'avaient alors, et la preuve

s'en vit en l'allarme que prit l'Italie tout entière en vostre dernier voyage de Savoye par la prise de Montmeillan, et des autres places qui vous rendaient maistre de tout le païs en arrivant. Cet exemple du passé nous peut apprendre à nous rendre plus modérés et retenus pour l'avenir, mesme en cette action où je ne voudrais pas que Vostre Majesté se jetast couvertement et aymerais mieux par démonstration générale faire veoir à un chacun n'y avoir aucun dessein faisant exhorter par ses Ministres tous ceux qui luy peuvent assister de n'avoir aucun esgard à quelque particulière prétention qu'on pourrait en une affaire si perilleuse trop passionnément affectionné , ains seulement de porter toutes ces considérations au bien et à la conservation de la Chrestienté, leur laissant aussi la liberté de s'arrester à ce que Dieu leur en inspirerait en l'âme. Estant à désirer grandement que Dieu seul qui donne les Couronnes et les Empires départe cette-cy à celui que sa divine bonté en jugera le plus digne et capable pour l'exaltation et gloire de son saint nom. Que si ce choix par l'inspiration du Saint Esprit tombe sur la personne de Vostre Majesté, et cette couronne qui désigne l'Impériale lui estant ainsi offerte, il y aurait lieu alors de penser aux moïens de s'y affermir, et ne laisser pas ses propres affaires en apparence de péril pour aller faire celles d'autruy fort loing, fort incommodément sans nul besoin ni autre nécessité particulière. Mais, Sire, ce qui me semble estre le plus important et plus à considérer, c'est sçavoir auxquels Vostre Majesté doibt aider ou empescher afin que cette Couronne leur tombe ou ne leur tombe en main ou de ceux que vous aurés en main, ou de ceux que vous aurés occasion de craindre, et que par conséquent vous en devés reculler. Je n'en voy que deux, l'un le Roy d'Espagne, l'autre l'Archiduc Albert et de ces deux je m'attaquerais plus au dernier qu'au premier; estant vray semblable que le Roy d'Espagne perdant l'espérance d'y parvenir, comme il l'a doibt avoir perdue par raison portera tous ses efforts pour la faire tomber esmains de l'autre pour en tirer quelque commodité particulière en ses desseins qui ne sont pas inconnus, sçachant assés qu'il se voudrait oster avec honneur et advantage de cette grande domination des Païs-bas et la faire tomber en la personne de l'un de ses enfants sans attendre la mort de l'archiduchesse et croyait outre cela en le faisant parvenir à cette dignité impériale nous pouvoir tenir en jalousie de trois costés tout-à-la-fois, au lieu qu'à présent nous n'en avons que de deux qui se réduisent presque à un ou bien en le laissant en l'État qu'il eut au Païs-bas et y joignant cette nouvelle couronne le rendre de telle sorte forte considération que nous estant entre les deux, eussions par le cours du temps à craindre des choses que nous ne croyons pas à présent. Et quant à l'autre es mains de qui Vostre Majesté doibt desirer que cette dignité tombe, qui en effet n'eschappera pas à mon advis à quelqu'un de la maison d'Autriche. Il semble que l'Archiduc Mathias doibt tenir le premier rang, et d'autant que c'est celui là que le Roy d'Espagne y voudra le moins assister pour diverses occasions, mesmes pour une particulière que nous sçavions lui avoir esté commandée par son défunt père, ce serait celuy lequel Vostre Majesté y devrait desirer davantage n'estant pas à craindre que le dit Roy d'Espagne et lui soient de long-temps et possible jamais en telle et si ferme intelligence que nous ayons à craindre les avoir sur les bras tous ensemble en un mesme temps pour le regard des moïens qu'il faudrait tenir pour reculer l'Archiduc Albert et avancer l'Archiduc Mathias à cette dignité. Je croy, Sire, que Vostre Majesté peut prendre du loisir d'y adviser, et y donner l'ordre qu'elle y jugera convenable pour n'y point faillir, et cela doibt estre le but et la fin (à mon opinion) où doibt tendre Vostre Majesté. Que si le Roy François se fust contenté d'en user ainsi sans y attacher si obstinément sa personne, il n'en fust arrivé tant et tant de maux qui arrivèrent depuis à toute la Chrestienté, et particulièrement à vostre Royaume, ainsi qu'on l'a veu plusieurs fois remarquer et déplorer à Vostre Majesté laquelle je supplie très humblement de me pardonner si j'ay esté trop long à mon discours contre son commandement et en donner nulle mauvaise interprétation soit en molesse de courage ou faute de résolution, à ce que je viens de lui présenter possible avec plus de circonspection que quelques uns ne voudraient, croïant s'il lui plaist que rien ne m'y a porté que le desir de veoir Vostre Majesté, autant comme est reverée par les effets de sa prudence admirable déjà à tout chacun cognue, comme telle elle l'a toujours de long-temps esté par sa propre valeur et générosité de courage accompagnée d'une piété et clémence inimitables. »

« Le Roy qui avait attentivement presté l'oreille à ce dernier, se leva, ayant ouvert une fenestre pour prendre l'air, levant la veüe et les mains vers le Ciel dit tout haut : Dieu formera et fera naistre en mon cœur, s'il lui plaist, la résolution que je doibs prendre sur tous vos discours, et les hommes l'exécuteront. Adieu, Messieurs, il faut que je m'alle promener. Et ainsi finit cette conférence. »

IV

MANUSCRITS SPÉCIAUX.

ARCHIVES DE LA BASTILLE.

Parmi les pièces enlevées à la Bastille, il en est plusieurs qui se rapportent directement à l'histoire de cette prison d'État et que l'on peut considérer avec raison comme faisant partie de ses archives particulières. Ces pièces forment au dépôt de Saint-Pétersbourg, sept volumes ou portefeuilles in-folio ou in-8° rangés sous les titres suivants.

1° Lettres de cachet du roi, ordres des ministres, leurs lettres, celles des officiers de la Bastille, etc.

2° Pièces en vers saisies sur les auteurs ou écrites par eux pendant leur détention à la Bastille, in-f°.

3° Affaires, mémoires, espionnages de police et autres pièces relatives aux prisonniers d'État enfermés à la Bastille.

4° Pièces en prose saisies sur les auteurs ou écrites par eux pendant leur détention à la Bastille.

5° Papiers de la Bastille, interrogatoires, mémoires, liste des prisonniers et de la ronde et autres pièces, etc.

6° Lettres saisies par le gouvernement ou écrites par les prisonniers d'État pendant leur détention à la Bastille.

7° Pièces en vers saisies sur les auteurs ou écrites par eux pendant leur détention à la Bastille, in-4°.

L'indication de ces titres suffit, à elle seule, pour faire pressentir l'intérêt des dossiers qui les portent. C'est la Bastille avec ses exécutions arbitraires, ses tortures, ses désespoirs, ses résignations et ses folies. J'ai copié une grande partie de ces pièces; j'invite ceux de nos érudits qu'une bonne fortune conduirait à Saint-Pétersbourg à compléter ce travail. Ils trouveraient là un précieux appoint pour une histoire complète de la vieille prison d'État.

Parmi les documents dont il s'agit, ceux qui m'ont le plus vivement impressionné, sont les lettres et les compositions en prose ou en vers des prisonniers. Quelques-unes de ces lettres sont déchirantes. Elles renferment généralement des demandes de grâces ou d'allégements; des demandes de permission de prendre l'air dans la cour. Un M. d'Aligre emprisonné pour avoir manqué à la marquise de Pompadour se plaint énergiquement du régime intolérable auquel il est soumis. L'abbé de Vence, Ferdinand de Villeneufve réclame d'abord du tabac ; puis il s'étend dans un long mémoire sur les divers objets dont il a besoin, « une paire de souliers, quatre mouchoirs des Indes, quatre paires de bas de dessous en fil, six tours de col, de la mousseline pour deux paires de manchettes, un manchon, deux paires de bas à raccommoder, un bref des offices du diocèse de Paris pour 1760, un almanach royal et un petit paquet de cure-dents. » Il paraît que le gouverneur ne s'empressa pas beaucoup de satisfaire à ce mémoire, car l'abbé y revient dans une seconde lettre écrite en termes amers, et où il dit « qu'il ne croit pas qu'il soit dans l'intention de Sa Majesté qu'il souffre de l'indigence, lui homme de qualité. »

Plusieurs lettres de familles ou d'amis sollicitent l'emprisonnement à leurs frais d'un parent ou d'un ami mauvais sujet. Une, entr'autres, dans ce sens, adressée au cardinal de Fleury par la veuve d'un maître d'hôtel du roi. A ces lettres, il était habituellement répondu dans cette forme : « De par le roy il est ordonné d'arrêter et conduire à la Bastille le nommé... aux dépens de... Fait à Versailles le... Signé : Louis, et plus bas : Philippeau. »

Quant aux compositions en prose ou en vers, elles prennent naturellement leur source d'inspiration dans les évènements généraux du temps, dans les intrigues de cour ou d'autres lieux, dans le rôle plus ou moins important joué par certains personnages, enfin dans les dispositions d'esprit particulières à leurs auteurs.

Les questions théologiques tiennent une assez large place dans ces diverses pièces. Ainsi, on y trouve plusieurs dissertations sur la grâce. Une, par exemple, où l'auteur se demande si l'on doit expliquer le Concile de Trente par saint Augustin, ou, au contraire, saint Augustin par le Concile de Trente. Port Royal y sert aussi de thème à plus d'une discussion, soit élogieuse, soit ironique. Il en est de même du père Quesnel et des Jésuites. Dans ces dernières pièces, le roi Louis XIV est souvent mis en cause.

« Aveugle protecteur d'une infidèle race,
« Louis, il faut opter, il n'est plus de milieu,
« Range-toi désormais du parti de la grâce,
« Ou ne dit plus Louis par la grâce de Dieu. »

On sait l'agitation qu'excitèrent dans la capitale et les provinces, les convulsions du cimetière Saint-Médard et les prétendus miracles du diacre Pâris. Les archives de la Bastille abondent en documents sur ce sujet ; et comme ils émanent presque tous d'individus persécutés, on y sent une vive opposition contre le pouvoir du temps. Telle est, par exemple, une pièce intitulée : « *Etat des quarante-*

deux miracles du diacre Páris, mort appelant et réap-
pelant le 1 may 1727. » Tels sont les vers suivants
contre le lieutenant de police M. Héraut :

> « Héraut fléau des gens de bien
> « Plus ambitieux que chrétien
> « Pour faire à Rome un sacrifice
> « A pris du bienheureux Páris
> « Tous les portraits grands et petits ;
> « Mais, les marchands ont par malice
> « Au même lieu mis le tableau
> « De ce lieutenant de police.
> « Chacun voyant ce troc nouveau,
> « Demande par quel noir caprice
> « On change un saint contre un bourreau. »

> « Héraut, ministre subalterne
> « Persécuteur dur, insolent,
> « Esclave de la cour moderne
> « Et juge sans discernement,
> « Nous prouvera par sa conduite
> « Qu'il mérite notre amitié,
> « Il a, ce ministre hypocrite,
> « Le cœur faux, l'âme sans pitié,
> « C'est par des qualités si rares
> « Qu'à son poste il est parvenu,
> « Sans des vertus aussi barbares,
> « A peine eût-il été connu. »

Telle est enfin cette protestation sous forme d'in-
scription destinée à figurer sous le portrait du fameux diacre thaumaturge :

« Tel aux pieds de la croix sans cesse humilié,
« Devant cette victime il s'immolait lui-même,
« Retraçant en son cœur la violence extrême,
« Des tourments qu'a soufferts un Dieu crucifié ;
          « Né dans le sein de l'opulence
« Il renonça dès sa plus tendre enfance
« A tout leur faux éclat pour suivre Jésus-Christ ;
          « Pour conserver son innocence
« Il châtia son corps, il dompta le démon
          « Par la plus rude pénitence,
« Le jeûne, le travail, les veilles, l'oraison ;
          « Par une humilité profonde
« Il fut toute sa vie inconnu, retiré,
          « Et s'il était encor au monde,
          « Il serait encor ignoré. »

Si les questions théologiques donnaient matière à tant de violences ou de sarcasmes, les personnages ecclésiastiques, les princes les plus illustres de l'Église n'étaient pas plus épargnés. Leurs actes souvent les plus inoffensifs étaient stigmatisés avec une audace que mitigeait à peine le ton de plaisanterie dont usaient habituellement les auteurs.

Mais, passons à des sujets plus profanes. D'abord, ce sont les rois et les princes du sang. Toutefois, sur ces hauts personnages les pièces trouvées aux archives de la Bastille sont rares ; il en est ainsi, du moins, pour la collection de Saint-Pétersbourg. Louis XIV, Mme de Maintenon, la duchesse

de Bourgogne, le fils aîné du grand Dauphin etc.
défraient surtout la verve des caustiques.

Voici une chanson, sur le maréchal de Richelieu,
chanson, dit le texte, qui est la vraie histoire de sa
vie, et se chante sur l'air du *Prévôt des marchands*.
Je la fais suivre d'une autre pièce intitulée : *Testament du sieur de l'Isola*. Qu'était-ce que ce sieur de
l'Isola ? Je n'ai pu le découvrir ; je laisse ce soin à
de plus forts érudits que moi ; les deux pièces, du
reste, sont assez piquantes ; et comme les allusions,
s'y traduisent d'elles-mêmes, je n'y insisterai pas.

« Un rejeton des Vignerots
« Vient de s'embarquer sur les flots
« Pour porter à la république
« Au nom du roi pour tout secours,
« Une pauvre médaille antique
« Qui parmi nous n'a plus de cours.

« C'est le doyen des freluquets,
« Le patron des colifichets,
« C'est le grand prêtre de la lune, [1]
« C'est un gentilhomme du roi,
« Dont la race n'est pas commune,
« Et qui vaut presque Villeroi.

« Génois, n'appréhendez plus rien,
« Vous avez un homme de bien,

[1] Allusion à la conduite du maréchal à Vienne.

« Il sait pardonner les injures;
« A Bavière il l'a bien prouvé
« Quand il voulut contre nature
« Le faire battre en réprouvé.

« Mais, ce n'est pas un Vignerot
« Qu'on fait donner dans le panneau,
« Aussi n'en fut-il pas la dupe,
« Et quoi qu'on ait dit dans Paris,
« Il se console sous la jupe
« Du ridicule et du mépris. »

TESTAMENT DU SIEUR L'ISOLA.

« En vertu de ce testament
« Je donne libéralement
« Mon cœur à la triple alliance
« Car elle tombe en défaillance;
« Et pour reconnaître l'honneur
« Que nous fait en m'aimant mon prince et mon seigneur,
« Je lègue ma plume fidèle
« Pour remplumer un peu l'aigle de l'empereur
« Qui depuis si long-temps ne bat plus que d'une aile.

« Item, je cède et j'ai cédé
« Mes ongles au lion d'Espagne
« A qui le prince de Condé
« Les rogna de si près la dernière campagne.

« Mon corps aux Etats généraux,
« Est destiné d'abord qu'il n'aura plus de vie,
« Pour en faire une anatomie
« Afin de découvrir d'où viennent tant de maux.

« Je lègue aux électeurs partisans de l'empire,
        « Mes habits tant vieux que nouveaux,
        « Pour leur faire des drapeaux,
« Car ils en ont perdu plus que l'on ne peut dire.

        « De peur qu'il ne soit morfondu
« Je donne mes cheveux au vieux duc de Lorraine
        « Que le vicomte de Turenne
        « A si vaillamment tondu.

« Je nomme Vanbruning exécuteur fidèle
        « De ma dernière volonté,
        « Et je lui cède ma cervelle
        « Afin de subvenir à sa nécessité.

« A l'heure de sa mort sans haine et sans colère,
« Même à ses ennemis tout chrétien doit bien faire ;
        « Aussi je donne au prince de Condé
        « Mes mules de satin brodé,
« Car, quoique le zéphyr ou que la bise souffle
« Ce grand héros toujours fait la guerre en pantoufle.

        « Quand tu devrais t'en offenser,
        « Pauvre Allemagne, toi qui pleures
        « Aujourd'hui les méchantes heures
        « Que Turenne te fait passer,
        « Je donne ma montre sonnante
        « Pour être mise dans sa tente
« Et marque que ce chef sait bien prendre son temps
        « Pour aller à la gloire
« Car l'heure qu'il choisit pour employer les gens
« Est toujours à coup sûr l'heure de la victoire.

« A Louis qu'on entend tonner
« Dans tous les lieux de ce bas monde,
« Hélas ! Que pourrais-je donner
« Qu'une admiration profonde,
« Que méritent tous ses beaux faits ?
« Mais, si ce grand roi veut que je repose en paix,
« Qu'il la donne à toute la terre
« Qui ne peut soutenir son courroux dans la guerre ?

DE L'ISOLA.

Les sujets sur lesquels s'exerçaient les prisonniers de la Bastille n'étaient pas toujours aussi scabreux que la plupart de ceux que nous venons de parcourir. Nous trouvons, par exemple, dans leurs archives, un « arrêt du Parlement en faveur d'Aristote qui maintient ses droits contre toute réclamation de la part de la raison » Quelle malice plus inoffensive ! Il en est de même des facéties auxquelles ils se livraient à l'égard de l'académie. Car il paraît qu'il était de ton alors comme aujourd'hui de plaisanter le docte corps. Je citerai à l'appui un extrait d'une longue pièce intitulée : « Requête des dictionnaires à MM. de l'Académie sur les mots du vieux français qu'ils ont proscrits de la langue. »

« Cependant on sait par la ville
« Que depuis votre Gomberville [1]

[1] Marin Leroy de Gomberville, poète, né à Paris en 1600 et mort en 1647.

« Aurait injustement proscrit
« Le pauvre *car* d'un sien écrit,
« Comme étant un mot trop antique
« Et qui tirait sur le gothique;
« Et qu'aussitôt le sieur Baro
« Sur ce mot cria tant haro
« Qu'on allait par cette crierie
« Bannir de la Chancellerie,
« Tant lors on était de loisir,
« Le *car tel est notre plaisir*,
« Sans que Conrad le secrétaire
« D'un tel mal ne pouvant se taire,
« S'opposât généreusement
« A ce cruel bannissement,
« Vous remontrant qu'en toute affaire,
« Le *car* est un mot nécessaire ;
« Que c'est un mot de liaison,
« L'introducteur de la raison,
« Et que depuis plus de cent lustres
« Toujours par des emplois illustres,
« Il sert utilement nos rois.
« Dans leurs traités et dans leurs lois.

. . . .

« Mais, quand vous feriez d'autres mots,
« Combien souffrirait-on de maux,

publia dès l'âge de quatorze ans un *Eloge de la vieillesse* en quatrains, composa des romans qui eurent un grand succès, fut choisi un des premiers pour faire partie de l'Académie française et s'occupa aussi d'histoire. Quelques-uns de ses ouvrages ont eu jusqu'à neuf éditions; la plupart sont aujourd'hui fort rares.

> « Avant que de les bien apprendre,
> « Et de se faire bien entendre ?
> « Combien vous faudrait-il de temps,
> « Pour apaiser les malcontents
> « Et faire que ce beau tapage
> « Fût homologué par l'usage ?
> « Ce considéré, Nos seigneurs,
> « Pour prévenir tous ces malheurs,
> « Qu'il plaise à votre courtoisie
> « Rendre le droit de bourgeoisie
> « Aux mots injustement proscrits
> « De ces beaux et doctes écrits.
> « Laissez votre vocabulaire,
> « Abandonnez votre grammaire,
> « N'innovez ni ne faites rien
> « En la langue et vous ferez bien. »

Les diverses pièces qu'on vient de lire ainsi qu'une foule d'autres que je n'ai pu citer, ont été, ainsi que l'indiquent les titres des portefeuilles où elles sont renfermées, les unes saisies sur les auteurs avant leur incarcération, incarcération dont la plupart du temps elles étaient cause, les autres composées par eux pendant leur détention. L'étude attentive de ces dernières est du plus vif intérêt. On y voit à nu le caractère des prisonniers, on y saisit le genre d'influence que l'emprisonnement exerce sur leur esprit, et l'essor qu'ils donnent à leur pensée fait mieux comprendre le temps où ils vivent. Ceux-ci sont tristes, abattus, ceux-là insouciants et frivoles ; les uns se résignent, les autres s'exaspèrent. Aussi, quelle différence dans la manière dont ils usent les longs loisirs de leur captivité ! Ici, vous entendez des soupirs, des murmures d'oraisons, là, de gais refrains, de galants couplets. On chante, on prie, on se moque, on se désespère, on s'étourdit ou on conspire. Feuilletez ces curieuses archives de la Bastille : à côté d'un psaume, d'un cantique, vous trouvez un sonnet amoureux, un rondeau impur. Le *Salve Regina* y coudoie un idylle de Théocrite, le sonnet de Desbarreaux, l'épître à Uranie, le *Miserere*, les métamorphoses d'Ovide. Fables, vaudevilles, chansons, madrigaux, satires, hymnes angéliques, saintes légendes, dissertations théologiques, jeux de mots graveleux, acrostiches, énigmes, tout se mêle et se fond dans ce vaste creuset, sous le feu de la captivité plus terrible que celui de la fournaise, plus dévorant que la lave du volcan. N'ai-je pas oublié de dire que là aussi se trouvent les papiers, les mémoires de Latude jaunis par le temps et l'humidité, mais assez respectés cependant pour que la lecture en soit facile [1] ? Voilà encore un document authentique !

[1] Les portefeuilles qui renferment ces papiers portent en titre : « *Rêveries de M. de la Tude, écrites de sa propre main dans le Donjon de Vincennes et à la Bastille en 1775 et 1777.* » Ces Rêveries se divisent en plusieurs chapitres ; on y trouve l'état des requêtes du prisonnier, son histoire intime, une lettre sur

J'ai parlé plus haut des sentiments religieux qui se reflètent parfois dans les écrits des prisonniers de la Bastille. Je terminerai par deux pièces de ce genre qui offriront, je n'en doute pas, à mes lecteurs un touchant intérêt.

MÉDITATION.

« Heureux l'homme du monde à qui le ciel propice,
« Inspire la retraite et la haine du vice,
« Et de quitter la foule avec tous ses faux biens ;
« Mais, plus heureux encore si se quittant soi-même,
« Pour jouir de son Dieu et de ses entretiens
« Son cœur tout enflammé de son être suprême
« Oublie enfin la terre, en rompant ses liens! »

ALPHABET DE LA PRATIQUE DE L'HUMILITÉ.

« Abaissez votre esprit au centre du néant,
« Bannissez l'air hautain, superbe et suffisant,
« Cédez avec douceur aux sentiments des autres ;
« Donnez pouvoir à tous de mépriser les vôtres ;
« Ecoutez sans chagrin qu'on se raille de vous,
« Faites voir en tout temps un air tranquille et doux,
« Goûtez les vrais plaisirs de l'âme anéantie,
« Insensible aux affronts, soyez sans répartie,
« Libre des vains honneurs, aimez qui vous noircit,
« Ménagez sagement ce qui vous obscurcit,

une chemise saisie, et chose assez tristement curieuse, une apologie d'un livre infâme. Je n'ai pas besoin de dire qu'en présence de pareils documents, l'intérêt que l'on a attaché au nom de de la Tude s'amoindrit singulièrement.

« Nourrissez votre âme de la pure souffrance,
« Obéissez à tous, soyez sans résistance,
« Portez tous les rebuts sans murmurer d'aucun,
« Quittez vos intérêts pour n'en avoir plus qu'un
« Rendez à votre Dieu le tribut et la gloire,
« Sondez si votre cœur ne s'en fait point accroire,
« Triomphez de vous même et triomphez pour Dieu,
« Unique en vos desseins prenez le plus bas lieu,
« Zélez d'un zèle ardent l'honneur de votre maître,
« & pour vous désirez de ne jamais paraître.

« Priez pour moy. »

VOLTAIRE

ET

LA POLICE

VOLTAIRE ET LA POLICE

Il s'agit ici d'un énorme dossier saisi tout
cacheté à la Bastille, et dont les sceaux n'ont été
brisés, dit-on, qu'à Saint-Pétersbourg. Ce dossier
renferme une série de lettres adressées, soit à
M. Hérault, soit à M. Berrier, les deux lieutenants
de police de l'époque [1]. On chercherait en vain ces

[1] On sait que Voltaire a subi deux emprisonnements à la Bastille, le premier du 17 mai 1717 au 11 avril 1718 ; le second du 17
au 29 avril 1726. Or, parmi les pièces contenues dans le dossier
de Saint-Pétersbourg, il s'en trouve quelques-unes, qui se rapportent au premier emprisonnement de Voltaire. Beuchot les men-
tionne dans son édition. Il les doit à M. de Montmerqué, de l'Ins-
titut, auquel elles ont été communiquées par le prince Labanoff
Rostowski, seigneur russe, fort instruit, qui les avait copiées lui-
même à la bibliothèque impériale de Saint-Pétersbourg. Beuchot
parle aussi d'un projet de vers latins trouvé chez Voltaire, mais,
n'ayant pu lire la mauvaise copie qui lui en avait été transmise
il n'en cite que quatre lignes. Ce projet se rattache-t-il
également à la première arrestation du jeune Arouet ? Il accuse,

lettres dans les éditions des œuvres de Voltaire publiées jusqu'à présent. L'édition de Beuchot, la plus complète de toutes, n'y fait même pas allusion. C'est là une vaste lacune.

Grâce aux éléments que les circonstances m'ont mis entre les mains je vais entreprendre de la combler. Non que je croie fort utile, en général, d'ajouter encore à une correspondance déjà si volumineuse. Mais les lettres dont il est ici question sortent tellement, si je puis ainsi parler, du vulgaire des lettres de Voltaire, qu'elles ne sauraient faire double emploi avec elles. C'est un curieux chapitre de la vie intime de l'illustre écrivain, une effusion de sa personnalité, mais une effusion d'autant plus

du moins, dans l'auteur, si, comme l'indique Beuchot, on doit l'appliquer au régent, des sentiments bien propres à provoquer une lettre de cachet. Voici cette pièce en entier : les érudits en comprendront facilement les mordantes allusions :

« Jam qui sis *docui* Apollinem, mox qui sis docebit universum orbem.
Quicumque virum te fortem suspicatus fuerit imbellem experietur.
O vilis mendax, vilior viliosissimo tuo servo quem colis.
Nobilem læsisti, nobili satisfacies, si non ferro, ligno saltem.
Quam vos decet nobiles contemnere, duces ignavi.
O homuncio ! quam expedit stupidam tuam
Uxorem virgis te sæpius excipere.
Iniquitates ministerii tui te fugiunt,
Servus humillimus socii tui Desfors.
Melonius et Reus collega, amores

vraie, qu'elle est plus spontanée, et qu'elle ne se
produit le plus souvent qu'à l'abri du secret.

Voltaire et la police, Voltaire invoquant l'arbi-
traire d'un magistrat contre des éditeurs qu'il a
dupés, des contrefacteurs qu'il a provoqués, des
critiques par lesquels il se dit insulté, des censeurs
dont l'arrêt lui fait peur, des comédiens dont la
malice l'exaspère ; mentant, calomniant, dénonçant ;
faisant de sa cause la cause de la vertu, du droit et
de l'humanité ; étouffant la vérité sous l'intérêt, la
justice sous la passion ; s'humiliant, se faisant pauvre, malade ; déployant, en un mot, pour intéresser
à sa personne, une fécondité de moyens à déconcer-
ter nos intrigants les plus tarés ; et, au milieu

Tuos pudidos serviunt, digni tali hero ministri.

Astrologus de Boutivilliers astra tua inspiciens
Clamavit : O prodigium! aquila genuit columbam.
Monachos evangelisantes pie sequens
Viros probos persecutus es, dignus his apostolis discipulus,
Marescalco cuidam dedit deus filium
Vere pium quem Jesuitæ illustrem exhibent.
Dedit Deus patri tuo filium imbellem.
Stupidum quem vix Franciscani fratrem mendicantem accepissent.
Magister tuus Noailles amat te stupidum,
Collega Desfors laudat te docilem.
Domus tua ridet te impotentem et virgis
Cœsum mox subsannabo te nobili viro humillime satis
Facientem ; vale mendax impudentissime. »

de tout cela, une grâce exquise, une aisance infinie, un talent suprême, un style dont le type ne se retrouve nulle part, voilà la correspondance qui va nous occuper.

Assurément, ce tableau est triste. On eût mieux aimé, en offrant de nouveaux documents sur Voltaire, illuminer les couleurs sous lesquelles on l'a peint tant de fois, que de contribuer à les assombrir ; on eût été fier de mettre à néant les fatales accusations qui pèsent sur sa mémoire, et de montrer que, dans ce grand maître de notre littérature, la noblesse du caractère répondait, en tout point, à la distinction de l'esprit, à l'élévation du génie. Si cette jouissance fait défaut, il ne faut s'en prendre qu'à Voltaire lui-même ; car c'est lui, lui seul dont le témoignage est ici invoqué.

Quelques personnes trouveront peut-être que j'eusse mieux fait de suivre le conseil qu'un ami de Voltaire auquel j'avais communiqué ma collection, me donnait un jour : — « Ne publiez pas cela, c'est trop hostile à Voltaire! » — Mais il n'est pas dans mon caractère de me rendre complice de n'importe quel fanatisme. — Pourquoi donc, même en faveur de Voltaire, retenir les quelques parcelles de justice et de vérité que le sort a fait tomber entre vos mains? Plus une figure est grande dans l'histoire, plus il convient qu'elle soit dépouillée de tout masque. Si des taches apparaissent à son front, qu'importe? Elle ne perd rien, pour cela, de sa valeur réelle. Seulement l'appréciation y gagne en morale, la vérité en lumière.

I

VOLTAIRE, LA POLICE ET SES ÉDITEURS.

Il est peu d'ouvrages littéraires qui aient soulevé
un orage plus violent que les *Lettres philosophiques*.
Condamnées juridiquement, elles furent brûlées
par la main du bourreau, le 10 avril 1734. Tel était,
à cette époque, le sort de toute publication mêlée
de tant soit peu d'esprit nouveau. Le siècle avait
marché, mais il n'avait point entraîné les lois dans
sa course. Chassé de la cour et de la ville, le spectre
du vieux Louis XIV s'était réfugié au sein des parlements et y soutenait de sa main décharnée cet
édifice de formules que la routine faisait encore
respecter. Contradiction étrange! Tel magistrat qui
souriait dans son esprit à certaines idées, condamnait ces mêmes idées au feu dès qu'elles lui appa-
raissaient incarnées dans un livre.

En même temps que le livre était brûlé, l'auteur
était poursuivi. On l'envoyait à la Bastille. C'est

ainsi qu'après la condamnation des *Lettres philosophiques*, l'ordre d'arrêter Voltaire partit de Paris pour Montjeu où le philosophe se trouvait alors. Averti à temps il put s'échapper et se réfugier en lieu sûr. Mais que de tourments ne lui causèrent pas ces malheureuses lettres ! C'est alors qu'il inaugura ce système de désaveu de ses propres œuvres dont il fit dans la suite un si fréquent usage. Singulier moyen, du reste, que celui dont il se sert ici pour se défendre. Vantant l'ouvrage, reniant l'édition, justifiant l'auteur, accablant le libraire. Comme si l'arrêt qui frappe un livre n'en atteignait pas avant tout la doctrine ! Et quel cortége de déplorables passions autour de ce désaveu officiel ! Voltaire donne pleine carrière à son individualité propre : ce n'est plus le siècle, c'est l'homme qui se dresse devant nous. Voici la première lettre qu'il adresse au sujet des *Lettres philosophiques* à M. Hérault, lieutenant-général de police :

« Je vois avec surprise et avec douleur, Monsieur, que les clabauderies de mes indignes ennemis en imposent à un homme aussi éclairé que vous. Devez-vous écouter les prières et les sottes clameurs des superstitieux imbéciles que le poison du jansénisme infecte, et qui prétendent qu'on attaque Dieu et l'État quand on se moque des convulsions des quaquers ? Ce n'est point au magistrat de la police, c'est à l'homme d'esprit et à l'homme instruit de tout que j'ose écrire. N'écoutez point, monsieur, la sotte multitude de ceux qui sont *sicut equus et mulus quibus non est intellectus;* elle murmure huit jours sans savoir pourquoi, et demeure ensuite dans un éternel silence sur les choses qui passent sa portée. Daignez consulter sur mon livre, un M. de Maupertuis, un M. de Mairan, un M. Boindin, un M. de la Condamine. Voilà des gens qui pensent et dont le sentiment devient tôt ou tard celui du public, parce qu'à la longue le vulgaire est toujours et en tout mené par un petit nombre d'esprits supérieurs, et cela en littérature comme en politique.

» Mon livre est traduit en anglais et en allemand et a plus d'approbateurs en Europe que d'indignes critiques en France.

» Je n'ai encore une fois nulle part à l'édition, daignez vous servir de toute votre autorité avec Jore, avec Bauche, avec la Pissot, avec quiconque est soupçonné.

» Pour moi, monsieur, je vous demande instamment ou de parler encore une fois de mon innocence à M. le cardinal de Fleury, ou d'avoir la bonté de me mander, ou de me faire écrire par M. d'Argental s'il faut que j'aille dans les pays étrangers chercher le repos et la considération qu'on me devait au moins dans ma patrie. Je vivrai partout honorable-

ment, sans jamais me plaindre, sans rien regretter
que quelques amis et sans jamais oublier vos bontés. Distinguez-moi, je vous en prie, monsieur, de
la foule qui vous importune comme magistrat et ne
daignez vous souvenir avec moi que de ce qu'un
esprit supérieur comme le vôtre doit à l'humanité.
Ma reconnaissance égalera mon attachement, et le
zèle tendre et respectueux avec lequel vous savez
que je serai toujours votre très-humble et obéissant
serviteur. »

On voit par cette lettre jusqu'à quel point la
crainte de l'exil importune Voltaire. Il sentait, en
effet, que tel serait l'inévitable résultat de la tem-
pête déchaînée contre lui. Pour prévenir de plus
cruelles rigueurs, il prit de lui-même le parti de se
retirer en Hollande. Madame Duchâtelet, qui était
dans la confidence de cette retraite et qui en écrivait jour par jour les aventures à son ami d'Argental, montre dans ses lettres une appréhension toujours croissante. « Car le bruit court, dit-elle, que
l'ordre est donné d'arrêter M. de Voltaire partout
où on le rencontrera. » Ces appréhensions de madame Duchâtelet étaient vaines. Cependant, ce n'est
qu'au bout de huit mois que Voltaire obtint la permission de revenir à Paris. Le lieutenant de police
lui en donne avis en ces termes :

« Son Éminence et M. le garde des sceaux m'ont chargé, monsieur, de vous mander que vous pouvez revenir à Paris lorsque vous le jugerez à propos. Ce retour a pour condition que vous vous occuperez ici d'objets qui ne donneront plus aucun sujet de former contre vous les mêmes plaintes que par le passé. Plus vous avez de talent, monsieur, plus vous devez sentir que vous avez et d'ennemis et de jaloux. Fermez-leur donc la bouche pour jamais par une conduite digne d'un homme sage et d'un homme qui a déjà acquis un certain âge. Vous savez combien en particulier, je vous ai dans tous les temps été attaché et combien je désire encore de vous prouver dans toutes les occasions que j'ai l'honneur d'être, etc. »

Cette lettre est datée du 2 mars 1735. Le mercredi 30 mars, au soir, Voltaire arrivait à Paris, et dépêchait ce court billet à M. Hérault :

« Ma reconnaissance et mon cœur me conduiraient chez vous, monsieur, quand ce ne serait pas pour moi un devoir. Mais vous connaissez ma misérable santé, je suis arrivé bien malade. Sans cela, mes premiers moments seraient consacrés à vous faire ma cour. Je vous supplie, monsieur, de me conserver des bontés qui me sont si chères, et de me regarder comme l'homme du monde qui vous est le plus sincèrement dévoué. Je suis avec un attachement plein de respect, monsieur, votre très-humble et très-obéissant serviteur. »

Une conséquence des tribulations que Voltaire eut à souffrir à l'occasion de ses *Lettres philosophiques* [1], c'est sa querelle avec l'éditeur Jore. Un pareil fait a l'air aujourd'hui d'un paradoxe. Quel est celui de nos écrivains, si grand qu'il soit, qui réussirait à faire la centième partie du bruit que fit Voltaire, à propos de frais d'impression réclamés par un éditeur et de libelles publiés par ce même éditeur, contre lui? Quelle serait d'ailleurs, à l'égard de cet écrivain, la conduite du préfet de police, du garde des sceaux ou des autres ministres qu'il viendrait importuner de sa cause? Ils le renverraient tout simplement à la police correctionnelle ou à l'agent de la Société des gens de lettres, et tout serait dit.

Voici quel était le sujet de la querelle soulevée entre Jore et Voltaire. Jore lui-même nous l'apprend :

[1] Consulter le récent ouvrage de **M.** l'abbé Maynard intitulé : *Voltaire, sa vie et ses œuvres* 2 forts vol. in-8º (Paris, Ambroise Bray, libraire - éditeur). Cet ouvrage est certainement le plus complet, le plus intéressant, le plus impartial et le plus judicieux, qui ait été publié jusqu'à présent sur Voltaire. L'affaire des *Lettres philosophiques* y occupe tout le huitième chapitre du premier volume pp. 183-211.

« J'ai payé bien chèrement la confiance aveugle que j'ai eue pour le sieur de Voltaire. Ébloui par ses talents, je me suis livré à lui sans réserve, j'y ai perdu ma fortune, ma liberté, mon état. Dans ma triste situation, je me suis adressé à lui et l'ai prié de me payer 1,400 f. 5 s. qu'il me doit. Toutes sortes de motifs devaient l'engager à ne pas balancer sur une demande aussi juste : l'équité, la commisération même pour un homme dont il a causé la ruine [1]. Quelle est la réponse que j'en ai reçue ? Des injures, des menaces. Le sieur de Voltaire s'est néanmoins radouci : il a fait l'effort de m'offrir par degrés jusqu'à cent pistoles. Dans tout autre temps, je n'aurais pas hésité d'accepter son offre, je l'aurais certainement préférée à la douloureuse extrémité de traduire en justice un homme dont j'ai été moi-même l'admirateur, et qui m'avait séduit par le brillant de son imagination ; mais les pertes que j'ai essuyées me mettent dans l'impossibilité d'en supporter de nouvelles ; ainsi après avoir tenté toutes les voies de la politesse, après m'être adressé à des personnes respectables pour essayer de faire sentir au sieur de Voltaire l'injustice et la bassesse de son procédé, je me suis vu dans la dure nécessité de le citer devant les juges. »

[1] Jore ayant été convaincu d'avoir édité les *Lettres philosophiques*, fut enfermé à la Bastille, et dépouillé de sa maîtrise.

Ainsi donc cette simple querelle a pris les proportions d'un procès. Chaque partie a son avocat : Voltaire, un nommé Robert; Jore, un nommé Bayle. Déjà même ce dernier a pris ses sûretés vis-à-vis de son adversaire, en faisant saisir ses biens. Voltaire écrit au lieutenant de police, en date du 15 juin 1736 :

« Je vous supplie de vouloir bien garder cette lettre. Je suis obligé de partir dans deux jours. J'ai laissé tous les papiers concernant l'affaire de Jore au sieur *Robert, avocat, rue du Mouton, près la Grève.*

» J'ai besoin, pour avoir main-levée, des saisies faites par Jore, ou d'une sentence du Châtelet, ou d'un arrêt prononcé par vous, monsieur, comme commissaire du conseil, ou d'un ordre qui force ce scélérat à donner la main-levée en le condamnant, comme vous le pouvez, à mille écus d'amende pour sa prévarication. Quelque parti que vous preniez, je ne doute pas, monsieur, que vous ne l'empêchiez d'imprimer cette lettre [1] où M. le garde des sceaux et un de ses amis sont compromis.

» M. Lenormand condamne bien fort le procédé du sieur Bayle, avocat, qui soutient Jore contre

[1] Voir ci-après.

nous. Ce Bayle a avoué qu'il n'avait aucun titre pour intenter un procès, et qu'il ne voulait imprimer cette lettre et ce factum [1] prétendu que pour intimider et tirer de l'argent.

» Jore est allé trouver M. le garde des sceaux. Je crois qu'il en aura été reçu comme il le mérite. Il y a autant d'absurdité que de scélératesse dans la conduite de cet homme, et il est bien étrange que l'avocat Bayle veuille les partager. Enfin, monsieur, j'attends tout de votre équité et de votre protection.

» Si vous parliez un peu au sieur Bayle, je suis persuadé qu'il n'oserait plus se mêler d'une affaire si odieuse qui a été refusée par quatre avocats. »

Il paraît que le lieutenant de police voulant être agréable à Voltaire, en lui évitant la poursuite régulière d'un procès, offrit sa propre médiation. Mais, les conditions qu'il voulait lui imposer n'ayant pas été acceptées, l'affaire rentra dans la voie judiciaire. Les lettres suivantes montrent tout l'acharnement que Voltaire déploya contre le malheureux Jore ; il va jusqu'à chercher à lui enlever l'avocat qui s'est chargé de le défendre. Le ton du philosophe contraste singulièrement avec la réserve et la modération qui règnent dans les lettres

[1] Voir page 103.

de Jore et jusque dans cet *odieux factum* que Voltaire dénonce avec tant d'éclat à la vindicte des lois.

« Puisque vous voulez bien être médiateur au lieu de juge, je vous supplie très-instamment de ne me pas condamner par l'arbitrage à une somme que certainement aucun jugement ne me ferait jamais payer. Il ne faut pas être grand jurisconsulte pour savoir qu'un créancier sans titre, et auquel on oppose des écrits valant quittance, n'a rien à demander. M. Rouillé, qui vous a dit que j'avais offert mille francs pour acheter le silence de ce misérable et pour éviter un procès ridicule, n'a pas été bien informé. M. Lenormand, qui sait bien que je gagnerais en justice avec dépens, m'avait conseillé d'acheter la paix avec cinquante pistoles. Mais, pour mille francs, il n'en a jamais été question, et je vous jure que je n'ai ni le pouvoir ni la volonté de les donner.

» Il dépend de vous, monsieur, d'interposer votre autorité. Je vous prie de considérer que, si j'étais obligé de payer cent pistoles à cet homme, c'est tout au plus ce que vaut l'édition, il paraîtrait donc qu'en effet je ne l'avais point payé. Ainsi, par l'évènement de la médiation et de l'arbitrage, il m'en coûterait cent pistoles, et je serais déshonoré, au lieu qu'en plaidant il ne me faut qu'une audience pour faire casser sa procédure et le faire condamner aux dépens.

« J'attends, monsieur, une décision de vous et j'espère beaucoup de votre justice et de votre bonté pour moi.

16 juin.

« Le sieur Jore persiste toujours dans le dessein de faire imprimer cette lettre que vous lui avez redemandée et qu'il refuse si insolemment de vous remettre.

» Son avocat, Bayle, le soutient dans cette mauvaise manœuvre, et quoiqu'il n'y ait pas matière à procès, il fait un libelle sous le nom de factum pour m'en faire acheter la suppression.

» Il est très-certain que le nom de M. le garde des sceaux est compromis dans cette lettre que ce misérable veut absolument imprimer malgré vous.

» Il ne tient qu'à vous, monsieur, d'user de votre autorité, d'empêcher les imprimeurs d'imprimer son libelle et la lettre et de le pincer pour avoir osé s'avouer dans son exploit imprimeur d'un livre défendu.

» Je viens de rendre compte par un Mémoire à M. Rouillé de ce qui s'est passé chez vous, comme vous me l'avez ordonné, afin qu'il en instruise M. le garde des sceaux s'il le voit avant vous.

» Je vous aurais bien de l'obligation, monsieur, si vous vouliez avoir la bonté d'envoyer chercher le sieur Bayle, avocat, et lui faire honte de se charger d'une cause si odieuse. »

« *P. S.* Jore demeure chez Tabari, ancien libraire, rue du Paon, au petit hôtel Condé. »

26 juin 1736.

« Pardon de vous importuner encore, mais tout le public est indigné contre l'insolence de Jore et contre la témérité de l'avocat Bayle, plutôt complice que défenseur de Jore. Est-il possible qu'un libelle infâme absolument étranger à la prétendue cause de Jore se débite dans Paris aux portes des spectacles ! Aucun exemplaire n'en a été donné aux juges, tout est vendu au public. Les lois, les bonnes mœurs, votre autorité sont également blessées. Je le réclame, monsieur, punissez un scélérat déjà coupable mille fois devant vous. Écrivez un mot à M. le garde des sceaux, faites-vous remettre l'original de cette lettre extorquée qui fait le prétexte du procès. Il n'y aura point d'honnête homme qui ne vous en ait obligation.

» Je vous conjure, monsieur, de faire voir combien vous détestez cette odieuse manœuvre. Souffrirez-vous que Bayle se vante publiquement, comme il fait, d'avoir poussé l'affaire malgré vous?

» Encore n'est-ce pas lui qui a écrit ce libelle ; c'est l'abbé Desfontaines.

» Serait-il dit que Jore et Desfontaines, tous deux repris de justice par vous, triomphassent à vos yeux d'un homme que vous protégez ? Il n'est plus question actuellement d'acheter le silence d'un scélérat et la suppression de ma lettre, mais d'en punir la publication faite malgré vos ordres. »

Ce factum, ce libelle que Voltaire représente en traits si noirs, est loin, ce me semble, de mériter un pareil traitement. Il y règne, au contraire, comme je le disais tout à l'heure, une extrême modération ; et, bien que plus tard l'éditeur Jore ait été amené à le désavouer, j'ai de la peine à ne pas y voir une sincère expression de vérité. Le lecteur en jugera par lui-même. Je vais mettre sous ses yeux le *Mémoire de Jore* tout entier : je ne puis en effet, renvoyer, pour un document aussi nécessaire à l'intelligence des pièces inédites qui vont suivre, au vieux recueil intitulé *Voltariana ;* il est devenu si rare qu'on ne le trouve plus que dans quelques bibliothèques d'amateurs. Voici donc ce fameux factum de Jore :

« J'ai connu particulièrement le sieur de Voltaire pour lui avoir donné un logement chez moi, pen-

dant un séjour de sept mois qu'il a fait à Rouen en
1731. Il choisit ma maison pour y descendre, et
j'avoue que je fus doublement sensible à cette préférence, tant par les espérances flatteuses que j'en
conçus pour mon commerce, que par la vanité de
posséder un hôte dont le nom faisait tant de bruit.
Je ne pus cependant jouir de cet honneur aux yeux
de la ville. Soit modestie, soit politique, le sieur de
Voltaire ne voulut y être regardé que comme un
seigneur anglais, que des affaires d'État avaient
obligé de se réfugier en France. Il parlait moitié
anglais, moitié français. Toute ma maison fut fidèle
au secret. Ainsi, le seigneur anglais, content d'un
respect vulgaire dû à son rang, échappa humblement aux honneurs qu'une ville composée de gens
de condition et d'esprit, n'aurait sans doute pas
manqué de rendre à l'illustre Voltaire, si elle avait
su que ce grand homme était renfermé dans l'en-
ceinte de ses murs. Le sieur de Voltaire avait pour
objet, dans son voyage, l'impression de son
Charles XII, dont il fit faire deux éditions à la fois,
et une nouvelle édition de *la Henriade.* Lorsque cet
auteur dit qu'il ne vend point ses ouvrages, c'est-
à-dire qu'il ne les vend point à forfait ; effectivement, il y perdrait trop. Il est dans l'usage de les
faire imprimer à ses frais, et, après en avoir détaillé
par lui-même une partie, il vend à un libraire le
surplus de l'édition, qui tombe dans l'instant, par

une nouvelle qu'il fait succéder à la faveur de quelques changements légers. C'est par ce petit savoir-faire que les faveurs des Muses ne sont point pour Voltaire des faveurs stériles, et que, devenu sage par l'exemple de tant d'autres poètes, il sait s'en servir utilement pour se procurer aussi celles de Plutus [1].

[1] Une pièce de vers intitulée *Eloge de Voltaire* que l'on trouve dans le *Voltariana,* reproduit de la sorte les allégations de Jore :

« Ferme dans son engagement
Sa parole vaut un serment
Et j'en atteste maint libraire ;
Ah ! l'honnête homme que Voltaire !

« De candeur, de sincérité
C'est un trésor. La probité
Partout est son unique affaire ;
Ah ! c'est un grand saint que Voltaire !

» Quelquefois un piége tendu
Donne licence à sa vertu,
Cette licence est ordinaire
Aux saints rimeurs tels que Voltaire.

» C'est alors qu'il vend à tout prix,
A droite, à gauche, ses écrits,
Multiplio un même exemplaire
Où toujours on connaît Voltaire.

» Après un séjour de trois mois à la ville, milord
Voltaire eut besoin, pour sa santé, de prendre l'air
à la campagne. Toujours attentif à plaire à mon
hôte, je sus lui procurer une jolie maison, à une
lieue de Rouen. Avant que de partir, le sieur de
Voltaire, par un trait d'économie, voulut congédier
un valet que j'avais arrêté pour lui, à 20 sols par
jour; mais pour le coup, Voltaire trahit le seigneur
anglais; il ne voulut payer le valet que sur le pied
de 10 sols; il coupa ainsi ses gages par la moitié.
Je tirai 45 francs de ma bourse, et terminai la con-
testation.

» Ces 45 francs ne m'ont jamais été rendus. Il est
vrai que le sieur de Voltaire parla galamment de
les acquitter avec une pendule qui manquait à la
parure de la chambre où il couchait; mais ni la
pendule ni le paiement ne sont venus; et ce n'est
pas la seule petite dette que j'aie à répéter contre
lui.

» Le sieur de Voltaire passa un mois à la campagne. Il y vivait comme dans l'âge d'or, d'herbes,
d'œufs frais et de laitage. La jardinière qui lui
fournissait ces aliments champêtres, lui rendait

> » Du profit il voit les appas ;
> Mais quant à Dieu qu'il ne voit pas,
> Il tient que c'est une chimère :
> Je *crois* au RÉEL, dit Voltaire. »

aussi d'autres services. Elle allait trois fois la semaine à la ville pour les épreuves de l'impression. Le sieur de Voltaire ne fut pas ingrat de ses bons offices ! Pour récompenser ses peines et lui payer un mois de pension, il lui donna noblement six livres. Cette femme me porta ses plaintes, me représenta que ses œufs n'étaient seulement pas payés, et par honneur, je pris encore sur moi d'apaiser ses murmures et de la satisfaire.

» Je le perdis enfin, cet hôte illustre. Il s'en retourna à Paris, après un séjour de sept mois, tant chez moi qu'à la campagne d'un de mes amis, et le rôle de seigneur anglais finit glorieusement par une pièce de vingt-quatre sols, dont sa générosité gratifia la servante d'une maison, où rien ne lui avait manqué pendant un si long espace de temps, soit en santé, soit dans une maladie qu'il y avait essuyée.

» Ce n'est qu'avec une peine extrême que j'ai pris sur moi d'entrer dans ce détail. Je serais au désespoir qu'il tombât dans l'esprit de quelqu'un que j'aie dessein de reprocher au sieur de Voltaire la dépense qu'il m'a occasionnée, ni de lui demander qu'il m'en tienne compte. En exposant sa conduite et la mienne, je n'ai pensé qu'à en montrer l'opposition. J'ai voulu faire voir, par l'empressement que j'ai toujours eu à obliger le sieur de Voltaire, et par les procédés que j'ai toujours tenus avec lui, combien j'étais éloigné d'une lâcheté pareille à celle de lui demander un paiement que j'aurais reçu; qu'au contraire, l'indignité avec laquelle il en use aujourd'hui à mon égard, est précisément dans son caractère, que son penchant l'entraîne naturellement vers l'ingratitude, et le porte à frustrer généralement tous ceux à qui il est redevable.

» A peine le sieur de Voltaire fut de retour à Paris qu'il me manda de le venir trouver pour une affaire importante qu'il voulait me communiquer. Je partis sur-le-champ et me rendis à ses ordres chez la dame de Fontaine Martel, où il avait établi son domicile, car, quoique ce riche partisan de la république des lettres jouisse de 28,000 livres de rente, cependant, il n'a jamais cru qu'un grand poète comme lui dût se loger et vivre à ses dépens.

» La grande affaire dont il s'agissait était l'impression de vingt-cinq lettres qui, pour mon malheur, ne sont que trop connues, et pour lesquelles le sieur de Voltaire m'assura avoir une permission verbale. En même temps pour solde d'un vieux compte de 700 livres, il me donna en paiement quelques exemplaires de la *Henriade,* qu'il se disposait secrètement à faire réimprimer avec des additions et un reste des éditions de son *Charles XII,* dont le lendemain il vendit un manuscrit plus ample au sieur François Josse, imprimeur-libraire à Paris.

» J'avoue que les différents traits dont j'avais été témoin, auraient dû me dessiller les yeux sur le sieur de Voltaire. Mais ils n'étaient ouverts que sur le mérite de l'auteur, et sachant qu'effectivement il avait souvent obtenu par son crédit des permissions et des tolérances, je me fiai à sa parole, et j'eus la facilité d'accepter le manuscrit pour l'exécuter. Le sieur de Voltaire, de son côté, s'engagea à payer l'impression et le papier, et à faire tous les frais de l'édition. Il exigea en même temps que les épreuves des premières feuilles lui fussent envoyées par la poste. Elles l'ont été, en effet, à son nouveau domicile chez le sieur Desmoulin, marchand de blés et son associé dans ce commerce, où il avait été loger depuis la mort de madame de Fontaine Martel.

» L'édition ayant été achevée en peu de temps, le sieur de Voltaire dont l'ouvrage commençait à faire du bruit, me fit avertir de le mettre à l'écart, et en sûreté entre les mains d'un de ses amis, qui devait m'en payer le prix. Je connus alors le tort que j'avais eu de me fier à la parole du sieur de Voltaire sur la permission d'imprimer ce livre. Cependant, quoique l'édition fût considérable, puisqu'elle avait été tirée à 2,500 exemplaires, je pris le parti de ne point m'en dessaisir, à moins qu'on ne m'envoyât un certificat de la permission. J'en fis même changer le dépôt. Je me rendis en même temps à Paris chez le sieur de Voltaire et je lui fis part de ma résolution. De son côté, il convint de faire quelques changements à l'ouvrage. Pour y travailler et en conférer, il me demanda des exemplaires que je ne fis aucune difficulté de lui donner.

» Ce fut alors que l'imagination vive et féconde du sieur de Voltaire lui fit enfanter un projet admirable pour le tirer d'affaire. J'étais en procès avec le sieur Ferrand, imprimeur de Rouen, qui avait contrefait un livre dont j'avais le privilége. Le sieur de Voltaire me conseilla de lui faire donner sous main son ouvrage manuscrit. Il ne manquera pas, ajouta-t-il, de tomber dans le piége et de l'imprimer. L'édition sera saisie à propos. Les supérieurs, instruits que je n'aurai eu aucune part à l'impression, jugeront que ce manuscrit m'aura été volé, et par conséquent, je ne puis être responsable des autres éditions qui en pourront paraître. Par ce moyen, j'aurai la liberté de publier la mienne sans obstacle, et nous serons l'un et l'autre à l'abri.

» Le sieur de Voltaire s'applaudit beaucoup de cette invention qui lui paraissait merveilleuse, et fut surpris de voir que je l'écoutais froidement. Je m'excusai sur la pesanteur de mon esprit qui m'empêchait de goûter cet expédient. Ma simplicité lui fit pitié. Elle m'attira même une riche profusion d'épithètes, malgré lesquelles je persistai dans mon refus.

» J'ai dit que j'avais remis au sieur de Voltaire deux exemplaires pour revoir les endroits qui avaient besoin d'être retouchés. Quel est l'usage qu'il en fit? C'est ce qu'il faut voir dans une lettre qu'il m'a écrite, et qui est imprimée à la suite de ce mémoire. Il en confia l'un, dit-il, pour le faire relier. A qui? à un libraire qui le fit copier à la hâte et imprimer.

» Voltaire eut-il quelque part à cette édition? Quand il pourrait s'en défendre, quand il n'irait pas plus loin que l'aveu qu'il fait dans sa lettre; quels reproches n'aurai-je pas à lui faire sur son infidélité et sur l'abus qu'il a fait de ma confiance? Mais n'ai-je à lui reprocher que cette infidélité? Est-il vraisemblable que pour relier un livre Voltaire se soit adressé non à son relieur, mais à un libraire; qu'il ait livré un ouvrage qui pouvait causer ma ruine, qu'il devait regarder comme un dépôt sacré, et dont il craignait la contrefaçon; qu'il l'ait livré à un libraire, et à un libraire non-seulement qui par sa profession même lui devenait suspect, mais qu'il connaissait si mal? D'ailleurs, par qui ce libraire a-t-il pu être informé que l'exemplaire qui lui était remis par le sieur de Voltaire sortait de mon imprimerie? Qui a pu en instruire celui qui, avant que l'édition de ce libraire parût, vint me prier de lui fournir cent exemplaires du livre et m'en offrit cent louis d'or, que j'eus la constance de refuser? A l'instigation de qui les colporteurs chargés de débiter dans Paris l'édition de ce libraire annonçaient-ils au public que j'en étais l'auteur? C'est un fait que j'ai éprouvé moi-même. A qui attribuer cette édition étrangère qui parut en 1734, précisément dans l'époque de mes malheurs? édition que Voltaire a augmentée d'une vingt-sixième lettre dans laquelle il répond à des faits qui ne sont arrivés qu'en 1733, édition qui se vendait chez ledit imprimeur du sieur de Voltaire à Amsterdam, et qui a pour titre : *Lettres, etc., par M. de Voltaire, à Rouen chez Jore, MDCCXXXIV.* »Et pour tout dire, en un mot, qu'est-ce que cette lettre écrite contre moi au Ministère? Car enfin, c'est trop balancer sur la perfidie du sieur de Voltaire. L'édition du libraire de Paris se répand dans le public, je suis arrêté et conduit à la Bastille, et quel est l'auteur de ma détention? Sur la dénonciation de qui suis-je arrêté? Sur celle du sieur de Voltaire. Je suis surpris qu'on me montre une lettre de lui dans laquelle il m'accuse faussement d'avoir imprimé l'édition qui paraît, dit-il, malgré son consentement.

» Que peut répondre le sieur de Voltaire à tous ces faits qui me confondent moi-même? N'était-il qu'infidèle? Était-il seulement coupable d'avoir trahi le secret d'un homme qu'il avait séduit par l'assurance d'avoir une permission tacite, et d'avoir publié ce secret à qui avait voulu l'entendre? Étais-je moi-même infidèle à ses yeux? Le sieur de Voltaire crut-il effectivement que l'édition qui paraissait était la mienne? Pouvait-il le penser lorsque j'avais refusé les mille écus qu'il m'avait fait offrir lui-même pour cette édition et que j'avais déclaré que je ne consentirais jamais à la laisser répandre sans le certificat de la permission? Était-il même possible que, versé comme il l'est dans l'imprimerie, il méconnût les différences de ces deux éditions, le papier, les caractères, quelques termes qu'il avait changés? Ou, au contraire, le sieur de Voltaire avait-il résolu de me sacrifier? Piqué de mes refus, désespérant également d'obtenir une permission et de me faire consentir à laisser paraître son ouvrage sans me la rapporter, ne me demanda-t-il les deux exemplaires que pour en faire une autre édition et pour en rejeter sur moi l'iniquité? J'avoue que c'est un chaos dans lequel je n'ai jamais pu rien comprendre, parce qu'il est des noirceurs dont je ne saurais croire les hommes capables. Ce qui est certain, c'est que deux jours après avoir obtenu ma liberté, le magistrat à qui je la devais me montra une seconde lettre de Voltaire dans laquelle, en m'accusant de nouveau d'avoir fait disparaître mon édition, il ajoutait que j'étais d'autant plus coupable qu'il m'avait mandé de la remettre à M. Rouillé, et m'avait offert de m'en payer le prix Et ce qui est encore certain, c'est que dans la lettre que l'on mettra sous les yeux des juges à la suite de ce Mémoire, après avoir fait mention de cette autre lettre, par laquelle il me marquait, dit-il, de remettre toute mon édition à M. Rouillé, le sieur de Voltaire reconnaît de bonne foi que j'étais à la Bastille lorsqu'il me l'écrivit, c'est-à-dire qu'il a commencé par m'accuser d'avoir rendu mon édition publique, qu'ensuite, lorsque sur sa fausse dénonciation j'étais à la Bastille, il m'a écrit de remettre à M. Rouillé cette même édition que je n'avais plus, et que par une double contradiction qui dévoile de plus en plus le dessein qu'il avait formé de me perdre, il a voulu encore me charger de n'avoir répandu l'ouvrage dans le public qu'après qu'il m'avait averti de le remettre aux magistrats.

» Cependant je parvins à prouver l'imposture du sieur de Voltaire. Je fis voir que l'édition n'était pas de mon imprimerie et que je n'avais point de caractères semblables, de façon que j'obtins ma liberté au bout de quatorze jours.

» Mais mon bonheur ne fut pas de longue durée. Mon édition fut surprise et saisie, et j'éprouvai bientôt une nouvelle disgrâce plus cruelle que la première. Par arrêt du Conseil du mois de septembre 1734, j'ai été destitué de ma maîtrise, déclaré incapable d'être jamais imprimeur ni libraire.

» Tel est l'état où m'a réduit la malheureuse confiance que j'avais eue pour le sieur de Voltaire ; état d'autant plus triste pour moi que je lui ai été plus fidèle, puisqu'indépendamment des 100 louis que j'ai refusé pour cent exemplaires d'une personne dont l'honneur m'était trop connu pour me laisser rien appréhender de sa part, je ne voulus pas écouter la proposition du sieur Chatelain, libraire d'Amsterdam, qui, pour un seul exemplaire, m'offrit 2,000 fr., avec une part dans le profit de l'édition qu'il en comptait faire, et que mon scrupule alla même jusqu'à ne vouloir pas le permettre à un ami qui avait apparemment appris mon secret, par la même voie qui en avait instruit tant d'autres.

» Dans l'abîme où je me suis vu plongé par mon arrêt, sans profession, sans ressources, je me suis adressé à l'auteur de mes maux, persuadé que je ne devais mes malheurs qu'aux dérèglements de son imagination, et que le cœur n'y avait point de part, j'ai été trouver le sieur de Voltaire, j'ai imploré son crédit auprès de ses amis, je l'ai supplié de l'employer pour me procurer quelque moyen honnête de subsister et de me rendre le pain qu'il m'avait arraché. Il m'a leurré d'abord de vaines promesses. Mais, bientôt, il s'est lassé de mes importunités et m'a annoncé que je n'avais rien à espérer de lui. Ce fut alors que, n'ayant plus de grâce à attendre du sieur de Voltaire, si cependant ce

que je lui demandais en était une, j'ai cru pouvoir
au moins exiger de lui le paiement de l'impression
de son livre. Pour réponse à la lettre que je lui
écrivis à ce sujet, il me fit dire de passer chez lui ;
je ne manquai pas de m'y rendre, et, suivant son
usage, il me proposa de couper la tête par la moitié.
Je lui répliquai ingénument que je consentirais volontiers au partage, à condition qu'il serait égal ;
que j'avais été prisonnier à la Bastille pendant quatorze jours ; qu'il s'y fît mettre sept, que l'impression de son livre m'avait causé une perte de 22,000
fr. ; qu'il m'en payât 11,000. Qu'il me resterait encore ma destitution de maîtrise pour mon compte.
Ma franchise déplut au sieur de Voltaire, qui cependant, par réflexion, poussa la générosité jusqu'à
m'offrir cent pistoles pour solde de compte ; mais
comme je ne crus pas devoir les accepter, mon refus
l'irrita ; il se répandit en invectives, et alla même
jusqu'à me menacer d'employer, pour me perdre,
ce puissant crédit dont son malheureux imprimeur
s'était vainement flatté pour sortir de la triste affaire
où il l'avait lui-mème engagé.

« Voilà les termes où j'en étais avec le sieur de
Voltaire, lorsque je l'ai fait assigner le 5 du mois
dernier. Les défenses qu'il m'a fait signifier méritent bien de trouver ici leur place. « Il a lieu, dit-il,
d'être surpris de mon procédé téméraire. Mon avidité
me fait en même temps tomber dans le vice d'ingra-

titude contre lui, et lui intenter une action qui n'a aucun fondement, d'autant qu'il ne me doit aucune chose, et qu'au contraire, il m'a fait connaître qu'il est trop généreux dans l'occasion pour ne pas satisfaire à ses engagements. C'est pourquoi il me soutient purement et simplement non recevable dans ma demande dont je dois être débouté avec dépens. »

» C'est ainsi que le sieur de Voltaire, non content de vouloir me ravir le fruit de mon travail, non content de manquer à la reconnaissance et à la justice qu'il me doit, m'insulte et veut me noircir du vice même qui le caractérise. Ce trait ne suffit pas encore à sa malignité. Il ose publier dans le monde qu'il m'a payé, et que dans l'appréhension où je sens qu'il peut être de voir se rallumer un feu caché sous la cendre, j'abuse de la triste conjoncture où il se trouve pour faire revivre une dette acquittée. Sous ce prétexte, il se déchaîne contre moi, et sa fureur ne peut être assouvie si ce faux délateur n'obtient une seconde fois de me voir gémir dans les fers. Assuré sur mon innocence, sur l'équité de ma cause, sur la renommée de Voltaire, je n'ai été alarmé ni de ses menaces, ni de ses vains discours, et convaincu par ma propre expérience à quel point il sait se jouer de sa parole, je n'ai pu me persuader que son témoignage fût assez sacré pour me faire condamner sans m'entendre.

» Je suis donc demeuré tranquille, et ne me suis occupé que de ma défense. Je me dois à moi-même, ma propre justification. J'ai pensé que je ne pouvais mieux l'établir qu'en rendant un compte exact des faits. Les réflexions que je vais ajouter en prouveront la vérité ; en même temps qu'elles feront cesser les clameurs du sieur de Voltaire, elles jetteront sur lui l'opprobre dont il cherchait à me couvrir, et engageront même à me plaindre sur ma malheureuse étoile qui m'a procuré une aussi étrange liaison. En effet, quelle fatale connaissance pour moi que celle du sieur de Voltaire ! Et que penser de cet homme dont il est également dangereux d'être ami comme ennemi ; dont l'amitié a causé ma ruine et ma perte, et qui ne veut rien moins que me perdre une seconde fois, s'il est possible, depuis que pour lui demander mon dû je suis devenu son ennemi ?

» Maintenant il me reste à établir mes moyens et à répondre aux objections du sieur de Voltaire. Mais, ne me prévient-on pas déjà sur ces deux objets ? Après les faits dont j'ai rendu compte, l'équité de ma cause ne s'annonce-t-elle pas d'elle-même, et les défenses du sieur de Voltaire ne sont-elles pas confondues d'avance ? Mes moyens sont ma demande. Après avoir été trompé, trahi, renié par le sieur de Voltaire, je lui demande au moins le prix de mon travail, le prix d'un ouvrage que j'ai imprimé pour lui et par ses ordres, que je n'ai imprimé que sur la foi d'une permission, traité que j'ai *refusé de laisser paraître, tant qu'on ne me rapporterait pas la permission des supérieurs,* et qui effectivement n'a jamais paru dans le public. Quelle est la preuve de mon travail ? La lettre du sieur de Voltaire. S'il me répond que dans sa lettre il n'a pas nommé l'ouvrage que j'ai imprimé pour lui, je lui réplique que je lui demande le paiement d'un ouvrage que j'ai imprimé pour lui et qu'il n'a point nommé dans sa lettre. Le sieur de Voltaire ose publier qu'il m'a payé en me remettant le manuscrit ; mais sa lettre le confond, elle prouve son imposture et sa mauvaise foi. Elle prouve qu'il ne m'avait pas encore payé en 1734, lorsque j'étais à la Bastille, et qu'il m'écrivit alors pour m'en offrir le prix. Avancera-t-il qu'il m'a payé depuis ? Sa variation ne suffirait-elle pas pour prouver son infamie ? D'ailleurs, sa lettre opère un commencement de preuve par écrit, et je demande, en vertu de l'ordonnance, à être admis à la preuve par témoins. Je demande à prouver que lorsque j'allai chez lui, le jour même que je l'ai fait assigner, sa réponse fut que, n'ayant tiré aucun profit de l'édition, il ne m'en devait que la moitié. Trouvera-t-on dans cette réponse, dont je suis prêt de rapporter la preuve, que l'offre qu'il me fit n'était que pour se rédimer de ma vexation ? Il m'a, dit-il, depuis quatre mois, fait toucher une gratification de 100 livres. Aurait-il été question de m'accorder une gratification s'il ne m'eût dû quelque chose ? Aurais-je pensé de l'en remercier par une lettre ? Mais qu'il représente ma lettre, on y verra le motif de cette gratification, on y verra que le sieur de Voltaire, alarmé d'un bruit qui se répandait qu'on imprimait un de ses ouvrages que je ne nommerai point, il me chargea d'employer tous mes soins, tant à Paris qu'au dehors, pour découvrir si ce bruit avait quelque fondement, et que les 100 livres furent la récompense des mouvements que je m'étais donnés.

» Mais il en faut venir à la grande objection du sieur de Voltaire, au reproche qu'il me fait de la perfidie la plus noire, au reproche d'abuser de la conjoncture où il se trouve, d'abuser d'une lettre qu'il a eu la facilité de m'écrire, et que j'ai su tirer de lui sous prétexte de solliciter ma réhabilitation ; d'en abuser, déjà, pour le forcer, par la crainte d'un procès déshonorant, à me payer une somme qu'il ne me doit pas.

» C'est donc là le grand moyen du sieur de Voltaire, ou plutôt le déplorable sophisme avec lequel il prétend en imposer aux personnes les plus respectables. Car enfin, la haine de ce reproche ne retombe-t-elle pas sur son auteur ? Et qu'ai-je à me reprocher, à moi qui ne fais que demander mon dû ? S'il est vrai que le sieur de Voltaire ne m'a pas payé, comme il n'en est que trop certain, comme il est évident, comme j'offre d'en achever la preuve, en quoi suis-je coupable de m'appuyer d'une lettre qui, en même temps qu'elle établit ma demande, me justifie d'une calomnie ? Ces inconvénients sont-ils mon fait ? En puis-je être garant ? Que ne payait-il sans me noircir dans le public du crime d'exiger deux fois la même dette ? Ne devait-il pas être content de tous les maux qu'il m'a coûtés, de m'avoir engagé dans une affaire malheureuse sur la fausse assurance d'une permission, de m'avoir privé de ma liberté par sa dénonciation calomnieuse, de m'avoir enlevé ma fortune et mon état, sans vouloir encore me ravir l'honneur ? N'ai-je pas à rétorquer son argument contre lui ? N'ai-je pas à lui reprocher de se faire un rempart de sa lettre et des circonstances qu'elle renferme, non-seulement pour me refuser le paiement de ce qui m'est dû, mais encore pour me rendre odieux et pour accumuler contre moi calomnie sur calomnie ? Et lorsque le sieur de Voltaire a la hardiesse d'appuyer ses faux raisonnements d'un mensonge aussi grossier que celui de son indigence, lorsqu'avec vingt-huit mille livres de rente, indépendamment des sommes qu'il a répandues dans Paris, il ose avancer qu'il est hors d'état de payer une somme aussi considérable que celle que je lui demande; se peut-il que quelqu'un se laisse éblouir par ses artifices? Ne se trahit-il pas lui-même par cette nouvelle fausseté? Cette dernière circonstance ne montre-t-elle pas clairement ce qu'on doit penser de toutes les autres; et, dans toute la conduite que le sieur de Voltaire a tenue avec moi, ne voit-on pas un homme à qui rien n'est sacré, qui se joue de tout et qui ne connaît point de moyens illicites, pourvu qu'ils le mènent à son but?

» Enfin, le sieur de Voltaire m'oppose une fin de non-recevoir. Il soutient que je suis mal fondé à lui demander le paiement d'une édition qui a pu être saisie. Une fin de non-recevoir, est-ce donc là la défense familière du sieur de Voltaire? C'est ainsi qu'il vient de payer un tailleur pauvre et aveugle, à qui, comme à moi, il oppose une fin de non-recevoir. Voilà donc le paiement qui m'était réservé et que ma malheureuse confiance pour le sieur de Voltaire devait me procurer? Mais est-il recevable lui-même à m'opposer cette fin de non-recevoir? Après m'avoir séduit par l'assurance d'une permission verbale; après que je n'ai travaillé que sur la foi de cette permission; après que, si je suis coupable, je ne le suis que pour m'être fié à la parole du sieur de Voltaire, puisque dans tous les temps j'ai refusé de laisser répandre l'édition jusqu'à ce que la permission me fût montrée, et qu'effectivement elle n'a jamais paru, de quel front le sieur de Voltaire ose-t-il se faire une exception de ce qu'il m'a trompé? J'ai trop de confiance dans la qualité des juges pour appréhender qu'ils adoptent une défense aussi odieuse. J'espère même que les personnes respectables qui honorent de leur protection les talents du sieur de Voltaire me plaindront d'avoir été séduit par ces mêmes talents, et que, touchées de mes malheurs, elles pardonneront à la nécessité de me défendre et de me justifier, et que je n'ai mise au jour qu'afin de ne me pas laisser ravir l'honneur, le seul bien qui me reste. »

Voici maintenant la lettre de Voltaire, si fréquemment annoncée par Jore et si redoutée de son auteur :

Cirey en Champagne, le 26 mars 1736.

« Vous me mandez, monsieur, qu'on vous donnera des lettres de grâce, qui vous rétabliront dans votre maîtrise, en cas que vous disiez la vérité qu'on exige de vous sur le livre en question, ou plutôt dont il n'est plus question [1]. Un de mes amis, très-connu [2], ayant fait imprimer ce livre en Angleterre uniquement pour son profit, suivant la

---

[1] *Lettres philosophiques.*
[2] Thieriot.

permission que je lui en avais donnée, *vous en fîtes de concert avec moi une édition en* 1731.

» Un des hommes les plus respectables du royaume [1], savant en théologie comme dans les belles-lettres, me dit en présence de dix personnes, chez Madame de Fontaine Martel, qu'en changeant seulement vingt lignes dans l'ouvrage, il mettrait son approbation au bas. Sur cette confiance, je vous fis achever l'édition. Six mois après j'appris qu'il se formait un parti pour me perdre, et d'ailleurs M. le garde des sceaux ne voulait pas que l'ouvrage parût. *Je priai alors un conseiller au parlement de Rouen* [2] *de vous engager à lui remettre toute l'édition. Vous ne voulûtes pas la lui confier; vous lui dîtes que vous la déposeriez ailleurs, et qu'elle ne paraîtrait jamais sans la permission des supérieurs.*

» Mes alarmes redoublèrent quelque temps après surtout lorsque vous vîntes à Paris. Alors je vous fis venir chez M. le duc de Richelieu; je vous avertis que vous seriez perdu si l'édition paraissait, et je vous dis expressément que je serais obligé de vous dénoncer moi-même. Vous me jurâtes qu'il ne paraîtrait aucun exemplaire. Mais vous me dîtes que vous aviez besoin de quinze cents livres [3], que je

---

[1] L'abbé de Rothelin.

[2] M. de Cideville.

[3] Elles m'avaient été prêtées pour quatre mois, et je les ai acquittées au bout de deux.

vous fis prêter sur le champ par le sieur Pasquier, agent de change, rue Quincampoix, et vous renouvelâtes la promesse d'ensevelir l'édition.

» Vous me donnâtes seulement deux exemplaires, dont l'un fut prêté à madame de ***, et l'autre, tout décousu, fut donné à François Josse, libraire, qui se chargea de le faire relier pour M......., à qui il devait être confié pour quelques jours.

» François Josse, par la plus lâche des perfidies copia ce livre toute la nuit avec Réné Josse, petit libraire..... et tous deux le firent imprimer secrètement. Ils attendirent que je fusse à la campagne, à soixante lieues de Paris [1], pour mettre au jour leur larcin. La première édition qu'ils en firent était presque débitée, et je ne savais pas que le livre parût ; j'appris cette triste nouvelle et l'indignation du gouvernement. Je vous écrivis sur-le-champ plusieurs lettres, pour vous dire de remettre toute votre édition à M. Rouillé et *pour vous en offrir le prix*. Je ne reçus point de réponse, vous étiez à la Bastille. J'ignorais le crime de François Josse ; tout ce que je pus faire alors fut de me renfermer dans mon innocence et de me taire.

» Cependant Réné Josse, ce petit libraire, fit en secret une nouvelle édition, et François Josse jaloux du gain que son cousin allait faire, joignit à son

---

[1] A Montjeu.

premier crime celui de faire dénoncer son cousin Réné ; ce dernier fut arrêté, cassé de sa maîtrise et son édition confisquée.

» Je n'appris ce détail que dans un séjour de quelques semaines que je vins faire malgré moi à Paris, pour mes affaires.

» J'eus la conviction du crime de François. J'en dressai un Mémoire pour M. Rouillé. Cependant cet homme a joui de sa méchanceté impunément. Voilà tout ce que je sais de cette affaire. Voilà la vérité devant Dieu et devant les hommes. Si vous en retranchiez la moindre chose, vous seriez coupable d'imposture. Vous y pouvez ajouter des faits que j'ignore, mais tous ceux que je viens d'articuler sont essentiels. Vous pouvez supplier votre protecteur de montrer ma lettre à monseigneur le garde des sceaux, mais surtout prenez bien garde à votre démarche, et croyez qu'il faut dire la vérité à ce ministre.

» Pour moi, je suis si las de la méchanceté des hommes, que j'ai résolu de vivre désormais dans la retraite, et d'oublier leurs injustices et mes malheurs. »

De son côté, Voltaire ne manque pas d'adresser aussi au lieutenant de police un Mémoire en forme pour réfuter celui qu'on vient de lire.

« Le Mémoire vendu au public par la cabale de Jore est rempli d'outrages étrangers à l'affaire ; il s'agit ici de prouver la justice simplement de la cause du Défendeur.

» 1° Suivant le propre Mémoire de Jore, il est certain que l'unique titre dont il se sert pour demander le paiement d'une prétendue dette contractée, dit-il, il y a six ans, est une lettre arrachée, il y a trois mois, avec artifices à la bonne foi du sieur de Voltaire.

» Ceux qui conduisent cette affaire commencèrent par abuser du nom d'un grand ministre. Jore, leur instrument, eut l'audace d'écrire au sieur de Voltaire au mois de mars dernier que ce ministre exigeait un aveu circonstancié sur une affaire particulière.

» Rien n'était si faux. Ce ministre n'en avait jamais parlé : ce mensonge est déjà bien punissable. C'est un violent préjugé contre Jore.

» 2° Le Demandeur n'ayant pour tout titre de sa créance qu'une lettre extorquée à la faveur d'un mensonge, y cherche un sens dont il puisse inférer qu'on lui doit de l'argent depuis six ans.

» Le Défendeur, sans exiger, quant à présent, qu'on lui représente ici l'original de sa lettre, veut bien pour un moment, et sans tirer à conséquence, s'en tenir à ce que Jore a imprimé. Que trouvera-t-on dans cet écrit? Que Jore a travaillé de sa profession en 1731, de concert avec le Défendeur, mais en général et sans aucune exception, Jore a toujours

été si bien payé que le Défendeur espère de retrou
ver dans ses papiers un billet par lequel Jore est
lui-même débiteur.

» 3° Par la lettre imprimée dont Jore a la mauvaise foi de se servir, il est prouvé qu'en 1733, le
Défendeur prêta 1,500 livres au Demandeur.

» Or, prête-t-on de l'argent à celui qui en doit, et
Jore l'eût-il rendu s'il avait été créancier?

» 4° Pendant tout l'hiver en 1736, Jore n'a cessé
de parler du sieur de Voltaire à un conseiller au
parlement, et à d'autres personnes dont on est
obligé de demander ici le témoignage, il leur a
dit qu'il était pénétré des bontés et des générosités
du Défendeur;

» 5° Il a reçu de son propre aveu il y a quatre
mois, des gratifications et il en marque par lettres
sa très-humble reconnaissance : un heureux hasard
a voulu qu'on ait retrouvé ces lettres qui prouvent
la générosité du Défendeur et la perfide ingratitude
de son ennemi.

« En effet, serait-il possible que Jore eût remercié humblement en 1736, celui qui le volerait
depuis 1730, et qui même selon lui, aurait été son
dénonciateur en 1734? Voilà les contradictions où
les calomniateurs tombent nécessairement.

» 6° Jore, dans son libelle diffamatoire, après des
mensonges avérés et des railleries, qui assurément
ne sont pas le langage d'un homme opprimé, croit

toucher la pitié des juges et du public, en disant :
J'ai perdu ma fortune en 1734. On m'a saisi pour
vingt-deux mille francs d'effets.

» Mais si on lui a saisi pour vingt-deux mille livres de libelles contre le gouvernement, qu'est-ce
que cette nouvelle faute si punissable a de commun
avec un effet prétendu que Jore lui-même, en le
grossissant, porte à quatorze cents livres tout au
plus?

» 7° Jore pense rendre sa cause meilleure en ci-
tant un procès que fait au sieur de Voltaire la famille d'un tailleur pour de prétendues dettes de
seize années. Ceux qui ont suscité toutes ces affaires
au Défendeur ont cru, en effet, l'accabler, parce
qu'ils ont espéré qu'il aurait perdu toutes ses quit-
tances dans ses fréquents voyages. Mais le sieur
Dubreuil, ci-devant commis à la Chambre des
comptes, vient heureusement de les retrouver. On
a même recouvré un billet par lequel le tailleur
devait au sieur de Voltaire de l'argent prêté, car le
Défendeur a prêté presque à tous ceux qu'il a connus,
et à Jore même, et il n'a guères fait que des ingrats.

» 8° Jore a dit au conseiller du parlement déjà
cité que son unique but était de débiter et de vendre son factum injurieux; il avait en cela deux
avantages, l'argent qu'il a gagné à ce trafic infâme,
et l'espérance d'inquiéter un homme de lettres exposé à l'envie.

7*

» 9° Parmi toutes ses impostures étrangères au sujet, Jore parle dans son Mémoire de je ne sais quel libraire, nommé Ferrand, avec lequel il avait, dit-il, un procès pour une contrefaçon d'un livre dont Jore avait le privilége. Quel rapport de ce privilége et de ce procès avec l'affaire dont il s'agit? Mais cet écart de Jore va devenir plus essentiel qu'il ne pensait : on vient d'apprendre que Jore fut condamné pour avoir accusé Ferrand d'une contrefaçon dont Jore lui-même était coupable ; c'était lui qui contrefit son propre ouvrage pour le vendre plus cher et pour accuser ce Ferrand ; on a en main les pièces et l'arrêt [1], et il a dans sa famille des exemples bien tristes, qui auraient dû prévenir en lui de pareils délits.

» 10° La procédure de Jore est autant contre les règles du barreau que sa conduite est contre celles de la probité.

» L'original de son exploit d'assignation est à trois jours; la copie signifiée est à huit jours; par cette mauvaise finesse, une sentence est surprise par défaut avant la huitaine. Sentence radicalement nulle, comme surprise par précipitation avant l'échéance du délai qui n'expirait à la rigueur que le 17 mai, parce que l'on ne compte ni le jour de l'assignation, ni celui de l'échéance [2].

[1] Il est du 13 juillet 1735.
[2] Art. 6 et 7 du titre 3 de l'ordonnance de 1667.

» Jore fait signifier cette sentence le 16 mai, au domicile du Défendeur ; et, le 21 du même mois, il fait des saisies-arrêts sur le Défendeur, autre nullité essentielle, n'étant pas permis de mettre une sentence par défaut à exécution dans la huitaine de sa signification. »

A ce Mémoire Voltaire ajoute ce qu'il appelle *Preuves par écrit que le Défendeur ne doit rien :*

« Ces preuves sont, en premier lieu, deux lettres de Jore au Défendeur, des 6 et 14 février 1736.

— J'ai reçu l'honneur de vos lettres, je ne puis assez vous en témoigner ma reconnaissance ; j'ai reçu les dix pistoles dont vous m'avez bien voulu gratifier et dont je vous remercie ; soyez bien persuadé que, quand la reconnaissance ne m'engagerait pas, etc.

» En second lieu, certificat de celui qui a compté les dix pistoles à Jore, en présence de témoins.

— Je soussigné certifie que sur les ordres réitérés de M. de Voltaire, j'ai donné de son argent cent livres au sieur Jore par gratification et charité, attendu le besoin où il disait être. A Paris, ce premier mai 1736. Signé Desmoulins.

Cette gratification est bien plus forte en faveur du sieur de Voltaire, que ne serait une quittance ; car une quitance démontrerait seulement que Jore est un créancier de mauvaise foi, et la gratification démontre qu'il joint l'ingratitude à la méchanceté. »

Voilà donc maintenant les deux adversaires en présence. Chacun a lancé son exploit ; la justice peut agir.

Mais ces moyens réguliers ne suffisent point à Voltaire ; il donne à sa correspondance avec le lieutenant de police une nouvelle activité.

« Je n'ai pu être encore assez heureux pour vous trouver chez vous. J'apprends dans le moment que Jore est venu se plaindre de vous chez Dumoulin rue de Longpont, lequel Dumoulin est celui qui l'incite à cette mauvaise manœuvre. Il lui a conseillé d'aller chez M. le garde des sceaux, le flattant que monseigneur le garde des sceaux le soustrairait aussitôt à votre tribunal. Jore aussi absurde que méchant y est allé.

» Je vous supplie, monsieur, de faire attention que ce Dumoulin ci-devant mon homme d'affaires, m'ayant volé mon bien, garde encore tous mes manuscrits.

» Il ne tiendrait qu'à vous, monsieur, de lui ordonner de vous les apporter ; ils seraient entre vos mains, et ce serait une nouvelle obligation que je vous aurais.

» J'ai déjà été forcé d'abandonner à ce fripon de Dumoulin vingt-quatre mille livres que je lui avais prêtées et qu'il m'a mangées.

» Je n'ai plus rien. Jore pour ses procédures a

fait des saisies sur le peu de bien qui me reste. Je ne fais point casser ses procédures, parce que je m'en suis remis à votre jugement. En attendant, je suis dans une situation très-violente ; je me console par l'espérance que vous punirez un fourbe et un insolent qui veut se soustraire à votre autorité et à votre arbitrage. »

En effet, M. Hérault a pris de nouveau l'affaire à cœur, mais il veut qu'on évite tout éclat, qu'on s'arrange à l'amiable, qu'on transige, du moins, et qu'on ferme le procès. Déjà il a obtenu de Jore qu'il lui remît la lettre fatale, et il est sur le point de l'amener sinon à un désaveu, du moins à un désistement de sa procédure, lorsque Voltaire, excité par les bruits qui grondent autour de lui, adresse au lieutenant de police cette lettre violente :

« J'ai supprimé le dernier Mémoire que j'ai eu l'honneur de vous envoyer, et j'en ai brûlé deux cents exemplaires qui restaient, voulant absolument étouffer l'affaire comme vous l'avez ordonné, et ayant même retiré les pièces des mains de mon procureur.

» Je me disposais à partir incessamment, mais j'apprends que la cabale de Jore veut poursuivre. Jore prétend que vous serez obligé de représenter l'original de la lettre, en justice. Il a protesté contre vous, monsieur, chez un notaire, après vous avoir remis cette pièce ; il a déjà gagné près de deux mille francs à faire imprimer chez Guérin, quai des Augustins, un libelle diffamatoire, sous le nom de factum. Il en fait mettre un nouveau sous presse chez le même Guérin ; ce n'est plus moi, monsieur, qu'on attaque ici, c'est votre autorité qu'on brave. C'est un scélérat repris de justice presque tous les ans, qui a osé se servir du nom de M. le garde des sceaux pour m'extorquer par un mensonge cette lettre en question. C'est un homme qui n'est à Paris que pour mener une vie scandaleuse ; c'est lui qui vous a trompé en vous vendant 18 fr. trois exemplaires qu'il disait avoir achetés et qui étaient son propre ouvrage. C'est ce même homme enfin qui se révolte contre vous.

» Je sais, monsieur, que vous ne daignez pas faire attention à une insolence dont vous ne pouvez être offensé. Mais la justice et le bon ordre sont aussi outragés que vous, et si vous oubliez vos ressentiments, vous n'oubliez pas le bien public.

« Pour moi, monsieur, je suis aussi pénétré de vos bontés que de votre équité. »

Non content de réclamer dans cette querelle avec Jore l'intervention du lieutenant de police, Voltaire cherche encore à se faire un patron du

garde des sceaux. C'était de sa part une assez vive
hardiesse, car M. Chauvelin, qui remplissait alors
ces fonctions, était partout ailleurs que dans le
camp de ses amis. Voici la lettre qu'il lui écrit :

« Avant la publication du factum, j'aurais donné
beaucoup pour prévenir le scandale. J'aurais acheté
le silence d'un scélérat. Mais ce silence n'est plus
à vendre. La cabale de Jore a inondé le public de
son libelle. Joré a bravé la médiation de M. Hérault
et l'autorité du ministère. Recevra-t-il à présent le
prix de son crime, de son insolence et du libelle
qu'il a vendu publiquement ? Une évocation à
M. Hérault, comme commissaire du conseil ne
serait-elle pas juste ? J'ose l'attendre de votre protection. Le public croirait que j'étais en effet débiteur de Jore si je m'accommodais avec lui ; il aurait
le fruit de son crime et moi la honte. Je m'en remets
entièrement à vos bontés. Tout le monde me dit que
je suis déshonoré si je m'accommode à présent ; si
la voix publique le dit, elle a raison, car la chose
dépend d'elle. »

Cependant Voltaire n'eut pas lieu d'être satisfait
du résultat de ses démarches. Jore fut, il est vrai,
débouté de sa demande, mais il fut condamné, lui,
en *cinq cents livres d'aumônes*. Une lettre de Jore au
lieutenant de police nous fait connaître cette triste

conclusion. Je cite cette lettre. Pour la bien comprendre, il faut se rappeler qu'à la suite de la publication des *Lettres philosophiques,* Jore avait été mis à la Bastille et dépouillé de son brevet d'imprimeur.

« Je suis trop pénétré de votre justice pour rien appréhender en vous la demandant de vous-même. Si vous voulez bien prendre la peine de jeter les yeux sur les raisons qui m'y autorisent et que vos continuelles occupations vous ont sans doute fait mettre en oubli, j'ose me flatter de l'obtenir. Lorsque j'eus fait assigner Voltaire pour me payer les quatorze cents livres cinq sols qu'il me doit, vous voulûtes bien, à sa prière, arrêter le cours de la procédure, persuadé que ma demande était injuste. Mais détrompé par le Mémoire que je rendis public, vous me fîtes consentir aux mille livres qu'il m'avait offertes, et dont vous vous rendîtes garant. Je ne balançai pas de m'y soumettre ; vous m'assurâtes, monseigneur, que ce consentement opèrerait mon rétablissement, que vous en faisiez votre affaire. Lorsque je me présentai pour toucher le paiement, vous m'apprîtes qu'il y avait un jugement rendu par M. de Maurepas qui me déboutait de ma demande et condamnait Voltaire en *cinq cents livres d'aumônes*. Je l'appris de votre bouche, et le reçus avec soumission, et vous eûtes la bonté de me renouveler encore la certitude de mon rétablissement.

Voilà deux ans que je me repose sur l'honneur de votre protection, sans voir finir mes peines. L'opposition de M. Pont-Carré a formé un obstacle que son consentement a dû faire lever. Cependant, je me vois tout à la fois privé de mon dû et sans être rétabli, et par conséquent sans savoir où donner de la tête, sans pain pour moi-même, et sans en pouvoir procurer à mes enfants. Si la grâce de mon rétablissement est surnaturelle, votre crédit, monseigneur, peut me procurer quelque emploi, pour me faire subsister et ma famille. Vous me mettez en situation de pouvoir vous adresser ces paroles du prophète-roi : *In te, domine, speravi, non confundar in æternum.* Qu'elles aient leur effet, je m'en rendrai digne, et vous en aurai une éternelle reconnnaissance. »

Je ne sais si le malheureux Jore obtint jamais de M. Hérault la grâce qu'il sollicitait. Quant à Voltaire, l'arrêt de M. de Maurepas le mit hors de lui. Il se transporta sans délai, quoique malade, chez le garde des sceaux, et lui fit remettre ce lamentable billet. C'était le 3 juillet 1736 :

« Je me trouve enfin déshonoré après avoir essuyé deux années entières d'exil et de persécution pour ce malheureux livre qui n'a jamais vu le jour que pour l'utilité d'un ami.

» Je passe dans Paris pour être condamné à l'aumône, quoique M. Hérault n'ait pas été juge en ce procès. Faut-il qu'il me vende si chèrement une médiation ? Le factum de Jore était tout ce que j'aurais voulu empêcher. Mais à présent, au lieu d'acheter la soustraction de ce procès, j'achèterais plutôt un jugement juridique en justice réglée qui fît voir, qu'en effet, je ne dois rien à ce misérable Jore.

» Donner 500 fr. d'aumônes, c'est signer ma honte.

» J'attends tout de votre protection. Si vous voulez me parler, je me suis traîné malade à votre porte. »

Du garde des sceaux, Voltaire retourna au lieutenant de police. Mais, à la manière dont il lui écrit, on sent déjà qu'il a perdu tout espoir de faire révoquer l'arrêt qui le frappe. Il se plaint seulement du genre de condamnation auquel cet arrêt le soumet, et de l'impossibilité matérielle qu'il éprouve à y satisfaire immédiatement. L'exemple du faible secours donné par lui à un *jeune homme de lettres* ne vient là, ce semble, que pour justifier ce qu'il allègue de son embarras pécuniaire.

» Il s'en faut beaucoup que je puisse trouver à présent cinquante pistoles. J'ai réellement à peine de quoi partir.

» A l'égard des charités que je peux faire, quel-

que bornée que soit ma fortune, j'en ai fait par an
pour des sommes plus considérables. Mais je vous
supplie, monsieur, de m'en laisser la disposition
et le choix.

» Voici un jeune homme de lettres qui n'a précisément rien, et à qui je ne peux rien donner à présent. Je lui donne seulement un billet de dix pistoles sur M. Lechanteur, notaire, qui me les avan-
cera. Vous trouverez, monsieur, le billet ci-inclus
que je vous supplie de lui faire rendre. A l'égard
du reste des aumônes que je peux faire, vous pouvez garder les papiers en question jusqu'à ce que
ces charités soient consommées, ces papiers seront
mieux en vos mains qu'en toutes autres. Ma mauvaise santé m'empêche de venir vous faire ma
cour; je ne manquerai pas de venir vous remercier
de toutes vos bontés avant de partir. Je serai toute
ma vie avec respect et reconnaissance, etc. »

Voltaire parle ici de ses charités. Nous savons,
en effet, par ses livres de compte qui nous sont
restés, qu'étant à Ferney, il consacrait mille francs
par an à des aumônes; nous savons aussi que beaucoup d'hommes de lettres et d'autres ont puisé assez souvent dans sa bourse. D'un autre côté, il nous
dit, lui-même, dans son *Mémoire contre Jore*, qu'il
a prêté à tous ceux qu'il a connus. Cette générosité
de Voltaire était-elle de sa part philanthropie réelle

ou fastueux égoïsme [1]? Je laisse à chacun le soin de résoudre cette facile question. Ce que je me plairai à dire ici, c'est que les bienfaits de Voltaire, qui tombaient si fréquemment, comme il le prétend encore lui-même, sur des ingrats, lui valaient aussi parfois de vifs sentiments de reconnaissance. J'ai trouvé dans le dossier qui nous occupe une épître en

---

[1] Un mot du testament de Voltaire me paraît ici à sa place. « Ce testament, à son ouverture, dit Bachaumont, a étonné tout le monde. On comptait y trouver des dispositions qui feraient honneur à son esprit et à son cœur. Rien de tout cela. Il est très-plat et sent l'homme dur qui ne songe à personne, et n'est capable d'aucune reconnaissance. Ce qui augmente l'indignation, c'est qu'il a deux ans de date et a été fait conséquemment avec toute la maturité de jugement possible. Voici les principaux articles :

A M. Vagnières, son secrétaire, son bras droit, dont il ne pouvait se passer, qu'il appelait son ami, son *fidus Achates*, 8,000 livres une fois payées ; rien à sa femme ni à ses enfants.

A son domestique nommé *La Vigne*, qui le servait depuis 33 ans, une année de gages seulement.

A la *Barbaras*, sa gouvernante de confiance, 800 livres, payées une fois seulement.

Aux pauvres de Ferney 300 livres, une fois payées.

Six livres anglais à un M. Durieu.

Du reste rien à qui que ce soit.

A madame Denis sa nièce : 80,000 livres de rente, et 400,000 livres d'argent comptant, en ce qu'il l'a fait sa légataire universelle, 100,000 livres seulement à l'abbé Nicquot, son neveu, et autant à M. d'Ornoy. »

vers à lui adressée, le 14 juin 1747, par un officier nommé Bastin, auquel il avait avancé de l'argent pour faire sa campagne. Cette épître est curieuse à citer; je le fais d'autant plus volontiers, qu'elle égaiera un peu, pour le lecteur, la sombre route à travers laquelle je suis forcé de le conduire.

« Heureux Voltaire, dont la gloire
Embrasse mille et mille objets,
Les dieux amis de ta mémoire
Pour toi firent un sort exprès.
De concert avec la fortune,
Par une faveur peu commune,
Apollon comblait tes souhaits ;
Tu devins Virgile et Mécène,
Et Plutus comme Melpomène
Sur toi répandit ses bienfaits.

» J'en fais la douce expérience.
Je me voyais ô sort fatal !
Faute d'argent dans l'impuissance
D'aller admirer la vaillance
De Maurice et de Lowendal.
J'aurais eu le sort de tant d'autres
Qui vont guerroyer en apôtres
Au jardin du Palais-Royal ;
Et sur un sable trop docile,
Canne en main, fier comme Artaban,
Devant une troupe imbécile,
J'aurais, courant de ville en ville,
Fait la conquête d'Amsterdam.

» Arouet, âme généreuse,
Tu m'as sauvé pareils exploits.
Tu prêtas l'oreille à ma voix
En voyant ma mine emprunteuse,
Joyeux, sans froncer le sourcil,
D'un air gracieux et gentil,
Dans une main infortunée,
Tu mis de l'or le plus brillant.
Je ressuscitai dans l'instant,
Pour aller gaîment à l'armée,
Plein d'une noble ambition,
Braver la mort sous Bergopson.

» Que, d'accord avec la Tamise,
Le Tibre chante tes écrits,
Je ferme l'oreille à leurs cris,
Ignorance, c'est ma devise.
Descartes, Newton et Leibnitz,
Je le confesse avec franchise,
Confondent mes faibles esprits :
J'oserai pourtant sur le vide,
Grande et terrible question
Que tout docte à son gré décide,
Hasarder une opinion,
Écris, Arouet, comme un ange,
Sur ce vide tant disputé,
Tu mérites moins de louange
Que d'avoir rempli par bonté
Celui que par un sort étrange,
Ma bourse à sec t'a présenté. »

Revenons à l'affaire de Jore. Ainsi que sa dernière lettre adressée au lieutenant de police le fai-

sait pressentir, Voltaire se soumit définitivement à l'arrêt de M. de Maurepas, et paya les cinq cents livres d'aumônes. Il en donne lui-même avis à M. Hérault.

« Mon notaire n'est point à Paris. Je n'en suis pas moins disposé à faire tout ce que vous souhaitez. Cette malheureuse affaire m'a déjà coûté tout l'argent que j'avais. Mais, monsieur, je ne crois pas pouvoir trop acheter le bonheur d'en sortir. Je conserverai toute ma vie une reconnaissance bien vive pour vos bontés; j'attendrai votre retour à Paris pour vous rendre compte de ce que j'aurai fait, et pour venir vous remercier. »

Une fois délivré des soucis de son procès, Voltaire se retira dans la terre de Cirey, pour s'y livrer tout entier à l'étude. Il se trouvait là dans la société de madame Duchâtelet, qui se plaisait à lui faire les honneurs de sa belle résidence et à l'y entourer des soins les plus bienveillants. Ses jours de paix furent courts. L'orage éclata de nouveau; et c'est encore Jore qui paraît tenir en main la foudre. Voltaire reprend sa correspondance avec le lieutenant de police.

Ce 21 février 1738.

« J'ai toujours eu une si grande confiance dans vos bontés pour moi, que j'ai négligé de vous importuner au sujet du désistement que Jore remit entre vos mains et des papiers concernant cette affaire. Je fis tout ce que vous m'aviez prescrit dès l'instant que je le pus, et M. d'Argental m'a mandé, il y a plus d'un an, que vous étiez content.

» Si vous vouliez bien ordonner, monsieur, à celui de vos secrétaires qui a les papiers en question entre les mains de me les renvoyer, je vous serais très-obligé. Je suis dans la nécessité de prendre toutes les sûretés possibles contre un homme tel que Jore, dont vous connaissez la scélératesse.

Huit mois s'écoulent, l'orage dure encore. Voltaire devient plus pressant. D'ailleurs les circonstances lui font une loi de dégager sa réputation de toutes les accusations que Jore a formulées contre lui. Nouvelles lettres au lieutenant de police.

Ce 27 octobre 1738.

« Étant sur le point de prendre un établissement assez avantageux, et ayant toujours compté sur vos bontés, je vous demande une grâce qui dépend entièrement de vous et dont mon repos et mon honneur dépendent.

» Jore est connu de vous. Vous savez que, malgré vos ordres, il publia sous le nom de factum un libelle injurieux contre moi. Ce libelle, que vous avez eu la bonté de supprimer, est renouvelé aujourd'hui par des personnes qui veulent traverser mon établissement. Si vous vouliez bien, monsieur, exiger deux lignes de Jore par lesquelles il désavouerait son factum, je vous aurais une obligation éternelle. Je vous demande en grâce de daigner me donner cette marque de vos bontés, et d'exercer, en faveur d'un ancien serviteur, ce zèle avec lequel vous avez obligé tant de personnes.

» Ne regardez pas, je vous en supplie, ma lettre comme une affaire ordinaire, qu'on renvoie à un temps plus éloigné, et daignez proportionner vos bontés au besoin extrême que j'en ai et à la confiance avec laquelle je les réclame. »

Cirey, ce 7 novembre 1738.

« Je vous demande bien pardon d'une telle importunité, mais vous savez combien ce désaveu de Jore m'est nécessaire. Il y a bien longtemps que vous aviez bien voulu me faire espérer cette grâce. C'est une justice que j'ai le droit d'exiger de lui, et une faveur que j'ose attendre de vous. Je vous supplie avec la dernière instance, monsieur, de vouloir bien me procurer cette satisfaction. Vous obligerez le cœur le plus reconnaissant et le plus sensible. Je sais que vous avez des affaires plus importantes, mais enfin, il ne s'agit que d'un mot,

8

et ce mot m'est essentiel; encore une fois je vous
en conjure. »

Cirey, ce 13 novembre 1738.

« C'est ma reconnaissance, moins que mon intérêt qui vous importune. Je suis pénétré de vos
bontés. Permettez-moi seulement de poursuivre le
nommé Jore en justice et de demander réparation.
Vous aviez eu la bonté de me promettre de me
rendre ma lettre qui avait servi de prétexte à son
infâme procès. Si elle ne parvient pas entre mes
mains, je me flatte qu'elle ne sortira pas des vôtres.
M. d'Argental et le jeune Lamarre, témoins des
procédés de Jore, savent très-bien que je ne lui
dois rien. M. et madame du Chastelet, qui ont vu
ici longtemps un billet de lui (malheureusement
égaré) peuvent certifier qu'au contraire il m'était
redevable. Je peux vous assurer, sans crainte de
vous tromper, qu'il y a peu de scélérats aussi dangereux que ce misérable.

» Quoi qu'il arrive, j'ose compter, monsieur,
sur votre protection et mon attachement sincère
pour votre personne semble m'y donner quelques
droits. »

Ainsi pressé par Voltaire, le lieutenant de police
fit appeler Jore, et l'exhorta à désavouer par écrit
son factum. Jore refusa. Ce n'est que six semaines

plus tard, c'est-à-dire, le 30 décembre, qu'il se décida enfin à écrire à Voltaire de manière à lui donner satisfaction. Je ne sais quels nouveaux moyens furent employés pour arriver à ce résultat, ni quel fond on doit faire sur le désaveu arraché à Jore. Quoi qu'il en soit, Voltaire reconnaissant constitua à son malheureux éditeur une légère pension viagère qui, si elle ne rétablit point ses affaires, l'empêcha du moins de mourir de faim [1].

Nous entrons, maintenant, dans une série de nouvelles tracasseries que Voltaire eut encore à souffrir à l'occasion de ses livres, et des éditeurs autorisés ou non autorisés qui s'avisèrent de les publier. Telle fut la destinée de cet homme extraordinaire, de signaler chaque production de son esprit, soit par un éclat glorieux, soit par un scandale retentissant. Il avait d'ailleurs affaire à une cour et à une société d'une mobilité infinie, où l'adoration de la veille préludait souvent à la disgrâce du lendemain ; où chacun semblait rivaliser d'inconséquence avec soi-même. Voltaire avait donc à subir de fréquents retours de fortune, d'humiliantes mésaventures contre lesquelles ses hautes amitiés n'étaient presque toujours qu'un impuissant rempart. Ainsi, après tout le bruit qu'avaient fait en

---

[1] Voir sur l'affaire Jore : *Voltaire, sa vie et ses œuvres,* par l'abbé Maynard, tome Ier page 200.

1734 et en 1735 les *Lettres philosophiques*, nous les voyons reparaître au bout de plusieurs années, comme pour braver celui qui en avait désavoué la publication, et troubler encore son repos. Voltaire écrit au lieutenant de police à propos de cette nouvelle édition.

« C'est moi-même qui ai fait découvrir, comme vous le savez, l'édition qu'un nommé Réné Josse, libraire sur le pont Notre-Dame, faisait des *Lettres philosophiques*. Vous devez en être convaincu par les lettres qui vous sont tombées entre les mains.

» Je vous ai fait remettre aussi toutes les instructions nécessaires pour les recherches de l'édition qu'on a débitée, et, de mon côté, j'ai fait promettre 500 livres de récompense à celui qui découvrirait l'éditeur. Il est certain que, depuis deux ans, je fais humainement ce qui est en moi pour supprimer ce livre.

» Je suis bien malheureux qu'on ait pu m'accuser si cruellement auprès des ministres d'être moi-même l'auteur de l'édition que j'ai fait saisir. On a fait chez moi une visite qui n'a abouti qu'à ouvrir une armoire, la seule qui ait jamais été fermée chez moi, et dans laquelle on n'a trouvé que des papiers concernant mes affaires. Malheureusement, il s'en est trouvé de perdus, et cette cruelle affaire me coûtera peut-être une partie de mon bien.

» Je me croirai trop heureux, et je croirai avoir

beaucoup gagné, si vous daignez assurer M. le garde des sceaux de mon innocence qui me paraît démontrée, au sujet de ces éditions. C'est une grâce que j'ose attendre de votre équité et de votre bonté, et dont je vous aurai toute ma vie une obligation bien sensible. »

Mais, ce n'est point assez du tort que causent à Voltaire des éditions subreptices ; il faut encore qu'il soit tourmenté dans les éditions qu'il a lui-même provoquées, et qu'il les voie frappées de saisie. Voici ce qu'il écrit à son libraire Prault : « Je serai fort aise que vous donniez incessamment un petit recueil contenant mes épîtres, quelques odes, le commencement de l'histoire de Louis XIV, une lettre sur Newton, etc. Je retravaille encore les épîtres et tous ces petits morceaux. Ce sera pour votre Quasimodo. »

Or, à peine ce petit recueil a-t-il paru, qu'il est confisqué par les agents du roi. Pour quelles causes ? L'extrait suivant des registres du Conseil d'État du 4 décembre 1739, nous l'apprend :

« Vû par le Roy, estant en son Conseil, le procès-verbal du Commissaire Lespinay, en date du 24 novembre dernier, contenant, qu'en exécution des ordres de Sa Majesté, il se serait transporté dans

8*

une maison sise sur le Pont-au-Change occupée par
le nommé Desfères, marchand jouaillier, sur l'avis
qui aurait esté donné, que dans ladite maison il y
avait un dépôt d'imprimez prohibez; où estant
monté au troisième estage, il serait entré dans une
chambre, dans laquelle il aurait en effet trouvé une
quantité considérable de feuilles imprimées, et entr'autres, un grand nombre d'exemplaires d'un ouvrage intitulé : Recueil de Pièces fugitives, en prose
et en vers, par M. de Voltaire. Et le dit sieur Commissaire ayant requis le dit Desfères, de déclarer à
qui il avait loué la dite chambre, il aurait dit que
c'était le nommé Prault fils, libraire, son gendre,
qui l'avait prié de la luy prester, pour y mettre dif-
férens imprimez et livres qu'il luy avait assuré
estre permis. Et Sa Majesté voulant réprimer une
contravention qui blesse également l'ordre public
et les bonnes mœurs, soit par la nature de l'ouvrage, soit par la témérité du dit Prault fils, libraire, qui, au préjudice des règlements de la librairie, a fait imprimer sans privilége ni permission,
l'ouvrage dont il s'agit, et a entreposé clandestinement l'édition dans un magasin non déclaré aux
officiers de la Librairie; à quoi voulant pourvoir :
Oüy le rapport, LE ROY ESTANT EN SON CONSEIL, de
l'avis de M. le Chancelier, a ordonné et ordonne
que les exemplaires du dit livre intitulé : *Recueil de
Pièces fugitives en prose et en vers, par M. de Voltaire,*

seront et demeureront supprimez et mis au pilon
en présence de la Communauté des Libraires, qui
sera à cet effet extraordinairement assemblée. Et
pour la contravention commise par le dit Prault fils,
ordonne Sa Majesté que sa boutique sera et demeu-
rera fermée pendant l'espace de trois mois, à commencer du jour de la publication du présent arrest ;
luy fait deffences pendant le dit temps, de faire directement ou indirectement, aucun exercice de sa
profession, le condamne en outre en cinq cents livres d'amende, et lui fait deffences de récidiver,
sous peine de deschéance de sa maîtrise. Enjoint
Sa Majesté au sieur Hérault, Conseiller d'Estat, Lieutenant général de police de la ville, prévosté et vi-
comté de Paris, de tenir la main à l'exécution du
présent arrest, qui sera imprimé, lû, publié et affi-
ché partout où besoin sera, à ce que personne n'en
ignore. Fait au Conseil d'Estat du Roy, Sa Majesté
y estant, tenu à Versailles le quatre de Décembre
mille sept cent trente neuf.

» Signé PHÉLYPAUX. »

A coup sûr, la saisie des pièces énumérées dans
ce procès-verbal dépasse toutes les bornes d'une
juste sévérité. Peut-être faut-il l'attribuer moins au
contenu des pièces elles-mêmes qu'à l'état de disgrâce dans lequel Voltaire se trouvait alors, soit à

la cour, soit à la ville, et qui faisait généralement mal accueillir tout ce qui sortait de sa plume.

Quoi qu'il en soit, dans cette circonstance, comme dans toutes les autres, Voltaire invoque l'appui de M. Hérault. Il lui écrit de Rethel :

« En quelque pays du monde que je sois, je compte toujours sur les bontés dont vous m'avez honoré. J'ai appris en chemin qu'on avait saisi un petit recueil que le sieur Prault fils, libraire, faisait de quelques-uns de mes ouvrages. Je puis vous assurer, monsieur, qu'il n'y a aucune des pièces de ce recueil qui n'ait été imprimée plusieurs fois, soit à la suite de la *Henriade,* soit dans des ouvrages périodiques.

» A l'égard d'une espèce d'*introduction ou de plan raisonné de l'histoire du siècle de Louis XIV,* il y a plusieurs mois que cela est public, dans les journaux étrangers, comme j'ai déjà eu l'honneur de vous le dire.

» Je ne crois pas qu'on trouve dans cet essai rien qui ne soit d'un bon citoyen. Et si par malheur, il s'était glissé quelque chose qui pût déplaire, je suis prêt à le corriger. Cette entreprise a, ce me semble, l'approbation de tous les honnêtes gens, mais il me faut une protection comme la vôtre pour m'encourager à finir un si grand ouvrage qui demande en même temps beaucoup de tranquillité et de travail.

» Il n'y a que la modestie de M. le cardinal de Fleury qui peut, je crois, l'indisposer contre mon histoire, dont il fera un des principaux ornements.

» J'ai l'honneur de vous représenter encore que les petites pièces que Prault avait jointes à cet essai, sont faites il y a près de trente ans pour la plupart, et qu'ainsi, s'il s'y trouvait, *je ne dis pas des expressions licencieuses, car je n'en ai jamais hasardées,* mais quelques idées peu mesurées, je me flatte qu'on ne les traiterait pas plus sévèrement que les poésies de Chaulieu, ou même que celles de Rousseau qu'on imprime à Paris sans privilége.

» En un mot, monsieur, il ne m'appartient pas de vous demander une grâce pour Prault, mais seulement pour moi-même, pour votre ancien courtisan, qui ne cessera jamais d'être avec la reconnaissance la plus respectueuse, etc. »

Voici maintenant une affaire beaucoup plus grave. Il s'agit d'une édition en douze volumes des OEuvres, ou plutôt des prétendues œuvres de Voltaire, faite sans son aveu, et avec le concours d'un imprimeur et d'un éditeur anonymes. Nous allons retrouver dans Voltaire, pour la poursuite de cette affaire la même insistance, le même acharnement qu'il déployait naguère contre Jore. Nous verrons aussi avec quelle complaisance le lieutenant de police s'empresse de le seconder. Cet épisode forme un chapitre des plus intéressants de l'histoire littéraire du dix-huitième siècle. Il suffit, pour le faire connaître, de citer, sans commentaires, les pièces de la correspondance. Les lettres de Voltaire à M. Hérault sont datées successivement de Versailles et de Paris.

11 juin 1748.

« Il paraît, depuis quelques jours, dans Paris, une édition en douze volumes, de mes prétendus ouvrages. Dans cette édition subreptice, il y a quatre tomes entiers de pièces étrangères, remplies des plus affreux scandales, des libelles diffamatoires contre des personnes respectables, et des impiétés les plus abominables. Je sais, à n'en pouvoir douter, que l'ouvrage est imprimé à Rouen, et j'en ai fait écrire à M. le premier président, à qui j'ai eu aussi l'honneur de m'adresser. Je prendrai même la liberté, si cela est nécessaire, d'en instruire Sa Majesté. Je n'ai pu encore en parler à M. le comte de Maurepas, qui, depuis quelques jours, n'est pas à Versailles. Mais, monsieur, je suis persuadé qu'il suffit de m'adresser à vous pour réprimer cet horrible scandale qui intéresse les lois et la religion. Il y en a un magasin dans Paris. Ce n'est pas chez les libraires. Et on ne peut parvenir à en avoir connaissance que par les principaux colporteurs. Le sieur de Beauchamp qui a, je crois, un département dans la librairie, et sur la bienveillance de qui je peux compter, pourrait se donner quelque mouvement avec prudence, et sans effaroucher personne, si vous aviez la bonté de lui en dire un mot. Je n'ose vous proposer, monsieur, d'en ordonner des recherches par les commissaires et les exempts préposés pour cette partie de la police. Ils sont trop connus, et leur seule présence est un avertissement qui sert à faire cacher ce qu'on cherche à découvrir. Mais, monsieur, si vous pouviez seulement ordonner à quelque personne moins connue de chercher le livre, vous en auriez peut-être des nouvelles, et on remonterait à la source. De mon côté, dès que j'aurai fini mon quartier auprès du Roi, je mettrai des gens en campagne, et j'aurai l'honneur de vous donner avis de ce que j'aurai découvert. J'ai cru, en attendant, qu'il était de mon devoir d'avoir recours à vous dans une affaire où il s'agit de l'ordre et du bien public. Je vous supplie de vouloir bien donner quelques ordres. Je vous en aurai une extrême obligation. »

Deux jours après, le lieutenant de police répond :

« Il y a quelque temps, monsieur, qu'on m'avait prévenu du livre que vous m'annoncez dans votre lettre d'hier, et auquel on m'avait dit que vous ne donniez pas votre approbation. Je fis avertir alors les officiers de la librairie pour y veiller. A présent que vous me marquez qu'il paraît, quoique je n'en aie point vu, je vais prendre quelques voies pour tâcher de découvrir le fait, et y mettre ordre, s'il est possible. Si, de votre côté, vous apprenez quelque chose, faites-m'en part, souhaitant fort de concourir avec vous pour séquestrer un ouvrage aussi scandaleux. Le sieur Beauchamp, dont vous me parlez, n'est point à Paris depuis six mois, et par conséquent a perdu le fil de l'histoire. Je suis, etc. »

Il paraît que cette indication de M. Hérault était erronée; M. de Voltaire se hâte de la rectifier, et suivant son habitude, en pareilles affaires, il joint un Mémoire à sa lettre.

« Je pense, monsieur, que l'édition dont on vous avait parlé, il y a quelque temps, n'est point celle dont il est question; mais c'est probablement une édition en six volumes, faite à Trévoux, et que j'ai trouvée si mauvaise, si infidèle et si pleine de fautes, que j'ai supplié instamment M. Pallu de la supprimer autant qu'il pourrait. Cette misérable édition court les provinces et les pays étrangers avec beaucoup d'autres, et à cela il n'y a que du papier perdu. Voilà l'édition qui n'a pas mon *approbation*. Mais celle dont je me plains, et que je défère à votre justice, a toute mon *indignation* et aura certainement la vôtre. Jamais rien n'a été imprimé de plus punissable. L'édition de Trévoux, en six volumes, est intitulée : *A Londres, chez Nourse,* 1746. Celle-ci porte : *A Amsterdam, par la Compagnie.* Voici, monsieur, un petit Mémoire que j'ai l'honneur de vous envoyer à ce sujet. J'envoie le pareil à M. le comte de Maurepas, et j'attends vos ordres et les siens avant de faire aucune démarche.

Mémoire de Voltaire au sujet de l'édition en douze volumes, faite à Rouen, avec le titre **Amsterdam, par la compagnie des libraires.**

« Il y a quelques mois que je trouvai, chez un homme qui étale des livres à Versailles, une nouvelle édition de la Henriade, 1748, avec la bataille de Fontenay, etc., en un volume. J'achetai douze exemplaires de cet homme pour en faire des présents.

» A mon retour de Lunéville, j'ai trouvé dans Paris une édition en douze volumes, remplie de libelles et d'impuretés, de laquelle ce même volume de la Henriade fait le premier tome.

» J'ai jugé que ce volume, d'abord séparé, contenant la Henriade, avait d'abord été vendu pour essayer le débit, et qu'ensuite on y avait ajouté les onze tomes.

» Je me suis adressé au même homme qui étale à Versailles. Il m'a dit ingénument que la Henriade qu'il m'avait vendue avait été imprimée à Rouen.

» Je lui ai demandé les onze autres volumes ; il m'a dit qu'il les chercherait chez ceux qui les ont à Paris, et qu'il m'en ferait tenir un exemplaire dimanche 16 du mois, ou même samedi.

» Si on peut, à l'amiable, savoir de cet étaleur où se vend cette édition, il sera aisé de remonter à la source. Il peut d'autant plus faire cet aveu, que n'ayant aucune part à cette entreprise, il n'a point d'intérêt à déguiser la vérité.

» L'étaleur en question est un relieur nommé Fournier ; il demeure rue des Récollets, à Versailles, et paraît un honnête homme. »

Une fois ce Mémoire en main, M. Hérault met à ses recherches la plus grande activité ; et afin de leur donner plus de suite et d'efficacité, il charge un des principaux employés de son ministère, nommé d'Hémery, de les diriger. De son côté, Voltaire ne laisse pas au lieutenant de police le temps de se refroidir.

» Monsieur, le premier président de Rouen me fait l'honneur de me mander qu'il y a apparence que le dépôt de l'édition infâme que j'ai déférée est probablement auprès de Paris, selon l'usage des imprimeurs de Rouen qui, lorsqu'ils ont fait une édition subreptice, l'envoient dans des magasins sur la route, d'où ils la font entrer dans Paris.

« Voici, monsieur, une lettre ci-jointe qui m'arrive de Versailles, par laquelle on m'instruit que le nommé Lefèvre, libraire, étaleur à Versailles, vend le tome de la Henriade, qui sert de premier volume à l'édition en douze tomes, déférée à la justice du ministère.

« Le colporteur qui vend dans Paris à madame Doublet et à M. de Bachaumont, aux filles de Saint-Thomas, leur a vendu un exemplaire de cette édition en douze tomes. J'ai vu cet exemplaire. Je l'ai exactement confronté avec le volume contenant la Henriade, lequel se vend séparément, qui vient du même magasin, qui est imprimé par les mêmes éditeurs, et qui est débité à Versailles, par le nommé Lefèvre, publiquement.

« J'ai l'honneur, monsieur, de vous présenter une de ces Henriades, que Lefèvre vend. Vous pourriez, je crois, savoir aisément de lui où est le magasin de toute cette édition. Il ne peut refuser de vous dire d'où il tient sa Henriade. Ce livre étant permis, il ne doit point céler d'où il le tire, et s'il ne l'avoue pas, c'est s'avouer coupable de l'édition scandaleuse, dont cette Henriade fait le premier tome.

» Je me repose de tout, monsieur, sur votre prudence, sur vos bontés et sur votre justice. Je me flatte que monseigneur le comte de Maurepas voudra bien employer son autorité, et concourir avec vous pour supprimer ce désordre.

» Je vous remercie, monsieur, des attentions favorables dont vous avez bien voulu m'honorer dans cette occasion. »

Ci-joint la lettre énoncée. Elle est de madame de Champbonnin, amie de Voltaire, et de madame Duchâtelet, et est ainsi conçue :

« Le libraire Fournier n'a point d'Henriade, mais on la trouve à Versailles chez Lefèvre, autre libraire. Cette Henriade est imprimée de cette année. J'ai eu bien de la peine à déterminer Fournier à me l'enseigner, mais il est sûr que Lefèvre en a plusieurs exemplaires et qu'il en vendra. »

Cependant, plusieurs mois se sont écoulés, et toutes les recherches du lieutenant de police sont restées sans effet. Voltaire n'abandonne point la partie. Il cherche, il questionne ; il est à lui seul toute une police. Enfin, de nouvelles indications lui sont parvenues ; il s'empresse de les faire connaître à M. Hérault, et lui adresse, à cet effet, une lettre confidentielle, portant en suscription ces mots : *A vous seul.*

« Vous devez être las de moi, mais vous permettrez qu'après vous avoir remercié de vos bontés, j'aie l'honneur de vous faire souvenir d'une affaire qui regarde principalement la police.

» Il s'agit de cette édition en douze volumes, pleine des impiétés et des ordures les plus atroces, qui fut faite il y a un an, et à laquelle le libraire a mis mon nom.

» M. le premier président de Normandie fit faire une perquisition exacte à Rouen, dans le temps que j'étais prêt à partir pour aller passer quelque temps à Lunéville. Avant mon départ, le libraire de Rouen, éditeur de cette infâme collection, intimidé par les recherches, me fit parler, et me fit porter parole que si je voulais l'aider à faire une édition de mes œuvres véritables, en laissant subsister la Henriade et quelques autres ouvrages, il jetterait dans le feu les cinq ou six volumes de cette édition, qui contiennent des pièces étrangères et condamnables.

» J'apprends, en arrivant à Paris, que ce libraire, dont on m'avait cité le nom, s'appelle Vatiltin ou Ratiltin, qu'il est à Paris, qu'il s'y cache pour avoir débité le *Portier des Chartreux* et d'autres livres infâmes.

» Il a mis, soit à Paris, soit dans les environs, son édition en douze volumes. Et il est si certain qu'il l'a cachée dans quelques magasins, et que c'est à lui seul qu'il faut s'adresser, qu'il m'en fit remettre un exemplaire à mon départ pour Lunéville.

» Il est encore certain qu'on ne peut rien faire de cette édition que de la brûler.

» Je vous aurais donc une très-grande obligation, monsieur, et le public vous en aurait une, si vous daigniez faire venir devant vous ce malheureux et l'obliger, par votre autorité et par les moyens que votre prudence vous suggèrera, de vous faire un aveu sincère de tout, de mériter son pardon par une soumission entière à vos ordres, et non-seulement de vous remettre toute l'édition, mais de vous avouer avec qui il en avait fait marché, car il a un associé à Paris, qui est une espèce de courtier de littérature, et je sais que cet associé en a débité quelques exemplaires. Peut-être, monsieur, sera-t-il un peu difficile de déterrer cet homme de Rouen, nommé Vatiltin, qui se cache actuellement de peur de la justice. Mais il n'y a rien dont votre sagesse et votre capacité ne vienne à bout. Je suis bien honteux de les réclamer dans de si petits objets. Mais rien n'est petit pour vous, monsieur, quand il s'agit de l'ordre, de la bienséance et des mœurs, et du repos d'un citoyen qui vous est dévoué. J'ai l'honneur d'être, etc. »

Réponse du lieutenant de police.

Ce 8 février 1749.

« Je reçois dans ce moment votre nouvelle lettre, monsieur, au sujet de Vatiltin ou Ratiltin, libraire de Rouen, qui se cache à Paris pour faire de mauvaises manœuvres, en fait de librairie, et qui est l'éditeur d'une fausse édition de vos œuvres que vous proscrivez. Je le ferai chercher publiquement, et si on l'attrape, je vous rendrai la justice que vous me demandez, personne n'étant plus que moi disposé à vous donner des preuves réelles d'attention et de bonne volonté. Je vous prie d'en être persuadé, ainsi que du véritable attachement avec lequel, etc. »

Tandis que Voltaire poursuivait l'édition in-12, dénoncée par lui au lieutenant de police, une autre publication vint encore à paraître, reproduisant de la manière *la plus absurde* quelques-unes de ses œuvres. Voltaire indigné écrit aussitôt à M. Hérault.

Paris, 31 octobre 1749.

« Je vous supplie instamment, monsieur, de vouloir bien ajouter aux services que vous rendez au public, les bontés qu'un particulier vous demande.

» On m'a volé les manuscrits de la tragédie de *Sémiramis*, de la petite comédie de *Nanine*, et, ce qui est plus cruel, l'histoire de la *dernière guerre*, que j'avais commencée et presque finie, par ordre du roi. La tragédie de *Sémiramis*, la petite comédie de *Nanine*, sont déjà imprimées, et le sont de la manière la plus absurde. On les vend publiquement à Fontainebleau. Je vous prie, monsieur, d'avoir la bonté de donner vos ordres à la chambre syndicale et à ceux que vous jugerez à propos, pour supprimer, autant qu'il se pourra, le cours de cette infidélité. Voulez-vous bien aussi permettre que je fasse afficher le papier ci-joint ?

» Vos bontés, dans cette occasion, préviendront la ruine du libraire qui m'imprime avec privilége, et les chagrins cruels que cette insigne friponnerie m'attire.

» Vous rendrez à la fois un bon service aux lettres et à moi. »

Voici l'affiche jointe à la lettre :

« *Cent écus à gagner.*

» *On a volé plusieurs manuscrits contenant la tragédie de Sémiramis, la comédie intitulée Nanine, etc. —L'histoire de la dernière guerre depuis* 1741 *jusqu'en* 1747. *On les a imprimés remplis de fautes et d'inter-*

*polations ; on les vend publiquement à Fontainebleau.
Le premier qui donnera des indices sûrs de l'imprimeur
et de l'éditeur recevra la somme de 300 fr. de M. de
Voltaire, gentilhomme ordinaire du roi, historiographe
de France, rue Traversière. »*

Voltaire n'obtint point la permission de faire
apposer cette affiche sur les murs de Paris. M. Hérault jugea qu'une telle manière de réclamer des
manuscrits volés produirait un effet tout contraire
à celui que l'on se proposait. Il expliqua ce sentiment à Voltaire dans un billet qui, du reste, était
pour lui on ne peut plus obligeant. »

Ce 4 novembre 1749.

« Je suis très-fâché, monsieur, de l'infidélité qui
vous a été faite par rapport à vos manuscrits. J'ai
donné, comme vous le savez, des ordres très-précis,
pour qu'on tâche de découvrir l'imprimeur qui les
a imprimés furtivement, et les colporteurs qui les
vendent ; et, quand je saurai quelque chose sur
cela, je vous en informerai et sévirai contre eux,
de même, si de votre côté vous apprenez quelque
chose, faites-m'en part, pour que j'agisse en conséquence : à l'égard du papier joint à votre lettre,
je pense que je ne puis y mettre ma permission
d'imprimer et afficher, le cas de cette espèce ne

9*

demandant point de publicité en cette forme. Outre que cela ferait tenir des propos à tous les désœuvrés, qui vous assurera que ceux qui rapporteraient les manuscrits, sous l'espoir de la récompense, n'en auraient pas tiré un double? Ces gens-là ayant fait une première friponnerie, n'hésiteraient pas à en faire une seconde. Je me flatte que ma réflexion vous paraîtra toute naturelle, et que vous n'en serez pas moins convaincu de ma bonne volonté qui égale les sentiments pleins d'attachement avec lesquels je suis, etc. »

Il faut convenir que rien ne surpasse l'activité de Voltaire à rechercher et à poursuivre les contrefacteurs ou *peut-être* les soi-disant contrefacteurs de ses œuvres. La police assurément n'eût pu choisir d'agent plus habile. Mais, si nous ne saurions le blâmer de se dépenser ainsi pour son propre compte, comment le jugerons-nous lorsque nous le verrons sortir des domaines de sa propre personnalité pour généraliser sa mission et s'abaisser à un rôle que nul n'oserait avouer en plein soleil?.. Tel est pourtant le déplorable fait que nous rencontrons dans la lettre suivante, écrite de la terre de Cirey au lieutenant de police.

« J'ai appris avec douleur dans ma retraite que l'on continue à inonder Paris de brochures infâmes.

Il y en a deux surtout dont on m'a parlé qui semblent mériter toute votre indignation. L'une est un *Almanach du Diable,* infamie qu'on renouvelle tous les ans ; l'autre est un recueil de chansons atroces faites pendant la régence, et de pièces licencieuses sous le nom de M. Ferrand. Il y a dans ce dernier recueil une pièce de l'abbé de Chaulieu, que l'on prétend que la calomnie m'attribue, elle est intitulée : *Epître à Uranie* [1].

» Je suis sorti du silence que je garde depuis si longtemps avec tout le monde, pour écrire à Paris, et j'ai promis des récompenses aux personnes au fait de ces livres nouveaux pour déterrer ceux qui les distribuent et vous en avertir sur-le-champ.

» Un de mes neveux, nommé Mignot, correcteur des comptes, se donne des mouvements pour connaître les imprimeurs de ces libelles, et il doit avoir l'honneur de vous rendre compte de ce qu'il pourra découvrir.

» Pour moi, monsieur, je me repose entièrement sur votre protection. Il y a vingt-cinq ans au moins

---

[1] *L'Épître à Uranie* fut imprimée au commencement de l'année 1732. Voltaire l'avait composée pour madame de Rupelmonde, mais, craignant les persécutions qu'elle pourrait lui susciter, il la mit sur le compte de l'abbé de Chaulieu qui, étant déjà mort à cette époque, ne pouvait par conséquent protester. Voir, Voltaire, sa vie et ses œuvres, par l'abbé Maynard, tome 1er, page 109.

que je vous suis dévoué. J'ai eu l'honnenr d'être élevé avec vous quelques années, et assurément vous devez me regarder comme un de vos anciens et de vos plus tendres serviteurs.

» Vous savez mieux que moi, monsieur, que les nouvelles ecclésiastiques s'impriment publiquement à Utrecht et de là sont envoyées en France. Mais vous ne sauriez croire à quel point ce parti dangereux se fortifie dans les provinces. L'impertinente et abominable secte des convulsionnaires, est un beau champ pour cet ouvrage que j'avais autrefois commencé sous vos yeux et que je reprendrais de bon cœur uniquement pour vous, sans autre confident si vous l'ordonniez. Vous n'auriez qu'à me faire tenir quelques Mémoires sur ces fous de cabrioleurs. Il y a de quoi faire quelque chose d'utile et de très-plaisant. J'y emploierais volontiers mon loisir dans la vue de servir l'État et vous, monsieur, dont je serai toute ma vie avec respect et reconnaissance, etc.

« Les personnes qui pourraient être soupçonnées d'être les éditeurs de l'*Almanach du Diable* et autres brochures sont un nommé Parfait, un nommé Gruot de Merville, autrefois libraire à la Haye, fils d'un maître de la poste aux chevaux à Versailles, auteur de quelques pièces pour la Foire; l'abbé Desfontaines.

» Il y a un colporteur, peu connu, nommé Guillière qui pourrait donner quelques indices sur ces imprimés.

» On peut avoir des lumières du nommé Tabari, autrefois libraire, travaillant secrètement avec Jore. Il demeurait il y a quelque temps près de l'hôtel de Tours.

» J'ai droit d'espérer, monsieur, de votre probité et de vos bontés, *que vous paierez au moins ma confiance et mon respectueux attachement d'un secret inviolable.* »

II

VOLTAIRE, LA POLICE ET SES CRITIQUES.

De toutes les tribulations qui agitèrent la vie de
Voltaire, celles que lui causèrent les critiques de
l'abbé Desfontaines furent certainement les plus
poignantes [1]. Préoccupé sans cesse de la postérité,
Voltaire affichait cette conviction, qu'il ne fallait rien
permettre aux contemporains, qui pût en obscurcir
ou en souiller les arrêts. C'est pourquoi, nul blâme
sévère, nulle remarque hostile ne s'élevaient
contre lui qu'il ne s'appliquât aussitôt à les réfuter [2]. Nous avons vu l'insistance qu'il déploya

[1] Voyez sur *Desfontaines* l'ouvrage de M. Charles Nisard : *Les
Ennemis de Voltaire,* 1 vol. in-8º. Paris, Amyot. 1853. Voyez
surtout *Voltaire, sa vie et ses œuvres,* par l'abbé Maynard.
Tome Ier, pages 240-316.

[2] « La pauvreté, la liberté d'écrire, la jalousie sont trois sources
intarissables de libelles. Un grand mal en est la suite. Ces libelles
servent quelquefois d'autorité dans l'histoire des gens de lettres. »

contre Jore. Cette insistance ne sera pas moins grande contre l'abbé Desfontaines.

Certainement, de pareilles agitations sembleraient aujourd'hui fort étranges. Un critique comme Desfontaines n'aurait que bien peu d'influence sur l'opinion ; et l'on ne comprendrait pas l'auteur attaqué qui s'obstinerait à le poursuivre. Il n'en était point ainsi du temps de Voltaire. Alors l'opinion n'était ni assise, ni sûre d'elle-même. Tourmentée de toutes manières par les esprits réformateurs, elle flottait tantôt à droite, tantôt à gauche, suivant la force prédominante des attractions. Combien donc n'importait-il pas à l'écrivain de maintenir vis-à-vis d'elle son autorité intacte et respectée ! Combien redoutée, par conséquent, était la critique ! La plume du moindre folliculaire pouvait se trans-

L'illustre Bayle lui-même s'est abaissé jusqu'à en faire usage. On est donc réduit à la nécessité d'arrêter dans leur source, autant que l'on peut, le cours de ces eaux empoisonnées. On les arrête en les faisant connaître. On prévient le jugement de la postérité, car tout homme public, soit ceux qui gouvernent, soit ceux qui écrivent, soit le ministre, soit l'orateur, ou le poète ou l'historien, doit toujours se dire à soi-même : Quel jugement la postérité pourra-t-elle faire de ma conduite ? C'est sur ce principe que tant de ministres et de généraux ont écrit des Mémoires justificatifs, que tant d'orateurs, de philosophes et de gens de lettres ont fait leur apologie ! Imitons-les ; quelque grande distance qui soit entre eux et nous, le devoir est le même. » (Extrait du Mémoire de Voltaire contre l'abbé Desfontaines.)

former inopinément en une massue de géant.

Ce qui ajoutait encore à la puissance de la critique, c'étaient la nouveauté et la hardiesse des doctrines sur lesquelles elle avait à s'exercer. Une critique qui n'a pour pâture que des vérités consacrées, des dogmes séculaires, cette critique est morte. Sa vie, c'est d'exploiter, c'est de révéler l'inconnu. Aussi, lorsque remuant la poussière des temps qui l'ont précédé, le dix-huitième siècle fait jaillir ces flots d'idées encore si nouvelles, voyez comme la critique se dresse haletante, superbe ; une nouvelle sève vient rajeunir ses forces ; et déjà elle voit l'opinion s'attacher plus servilement à son char, le monde lui demander des lois.

Voltaire avait parfaitement compris le caractère de ce mouvement, dont il était d'ailleurs lui-même l'agent le plus actif, le plus fécond. Et voilà pourquoi la critique lui inspirait tant d'effroi. Vraie ou fausse, juste ou injuste, polie ou insolente, il n'en voulait sous aucune forme. Philosophe absolu, il était impatient de toute contradiction ; et dans sa passion effrénée de propagande, il eût tout sacrifié pour que ses principes demeurassent incontestés, et qu'aucun souffle ennemi ne vînt en refroidir la lave dévorante. Il savait si bien, du reste, par l'expérience qu'il en faisait personnellement, ce que contiennent de perfide venin la calomnie et le mensonge.

Sous l'influence de pareils sentiments, on conçoit tout ce que Voltaire dut avoir à souffrir des critiques de l'abbé Desfontaines. *La Voltairomanie,* ce malicieux libelle que ce dernier dirigea contre lui fit surtout le malheur de sa vie. Il s'en plaint à qui veut l'entendre. Il use de tous les moyens pour forcer son auteur à un désaveu. Si ce désaveu vient à manquer, il semble que c'en est fait à tout jamais de la gloire de Voltaire. La *Voltairomanie* le tuera dans la postérité [1].

Naturellement, l'intervention du lieutenant de police est ici vivement réclamée. Nous savons déjà par l'affaire de Jore, le parti que Voltaire tirait contre ses ennemis de sa liaison avec M. Hérault. Mais, dans cette circonstance, le rôle qu'il joue n'a point, au même degré, ce caractère d'odieuse personnalité que l'on a remarqué précédemment. On s'étonne, sans doute, de voir un homme comme Voltaire attacher tant d'importance aux diatribes de l'abbé Desfontaines ; mais enfin, quand on se reporte à l'époque où il vivait, à l'esprit qui prévalait alors dans la société, on s'explique jusqu'à un certain point, sa conduite. C'est ce plaidoyer préventif en face de la postérité dont il a été question tout-à-l'heure.

[1] On peut consulter sur ce sujet les *Lettres de madame du Châtelet à M. d'Argental,* Paris, 1808.

Voici parmi les lettres contenues dans le dossier de Saint-Pétersbourg, la première que Voltaire ait adressée au lieutenant de police, au sujet de l'abbé Desfontaines. Elle est écrite de Cirey, en Champagne, et datée du 20 février 1739.

« Je ne puis empêcher que plusieurs gens de lettres vous présentent des requêtes contre l'abbé Desfontaines; aussi bien que tout le public, mes parents peuvent s'y joindre pour l'honneur de toute une famille outragée. Mais, moi, monsieur, qui regarde plus ma réputation que ma vengeance, j'ai l'honneur de vous supplier instamment de me faire accorder un désaveu des calomnies du sieur Desfontaines qui soit aussi authentique que son libelle. Vous avez entre les mains, monsieur, la lettre de madame de Bernière, celles du sieur Tiriot, celle du libraire Praut, le certificat de Dumoulin, la lettre du sieur du Lyon, enfin celle de l'abbé Desfontaines même écrite au sortir de Bicêtre [1]. Puis-je moins demander, monsieur, que le désaveu de ces calomnies si hostiles et si prouvées? Et quand vous êtes prêt à punir le coupable, n'aurez-vous pas quelque bonté pour le citoyen offensé? Je

[1] Lettre par laquelle l'abbé Desfontaines remercie Voltaire de l'avoir tiré de Bicêtre où il avait été enfermé, sous l'accusation d'un crime honteux. Cette lettre est du 31 mai 1725.

parle à l'homme autant qu'au juge. Je parle à mon
protecteur aussi bien qu'au magistrat. Songez que
le moment où j'ai servi autrefois l'abbé Desfontaines est l'époque de ses fureurs contre moi. Voyez
la lettre du sieur du Lyon, voyez celle de Tiriot du
16 août 1726, dans laquelle il m'avertit que Desfontaines, pour récompense, a fait, contre moi, un
libelle. Considérez, monsieur, je vous en conjure,
qu'il m'a persécuté, calomnié pendant des années ;
écoutez la voix publique. Songez qu'un écrit intitulé : *Le Préservatif* [1], que je n'ai ni imprimé, ni
fait a été le prétexte de son libelle qu'il a fait et
imprimé, distribué et avoué publiquement. Je sais
ses récriminations, mais, monsieur, est-ce un
crime de se plaindre d'un ingrat et d'un calom-
niateur ? Je porte à votre tribunal les mêmes
plaintes qu'à tous les honnêtes gens. Est-ce à lui
à m'accuser d'avoir écrit il y a deux ans qu'en effet
il avait payé mes bienfaits d'un libelle ? Oui, monsieur, c'est précisément de quoi je demande vengeance. Je la demande et de ce libelle fait en 1726,

---

[1] Brochure dirigée contre les écrits de l'abbé Desfontaines. Elle
parut en novembre 1738, sous le nom du chevalier de Mouhy, et
fut l'occasion de plusieurs libelles, notamment de la *Voltairomanie*, où Desfontaines déploie contre Voltaire la critique la
plus acerbe et la plus violente. On sait que Voltaire ne reconnut
jamais le *Préservatif* pour son œuvre.

et de vingt autres et surtout du dernier [1]. Je la demande avec tous les gens de lettres, avec tout le public qui vous en aura obligation ; mais cette vengeance n'est autre chose qu'un désaveu nécessaire à mon honneur. Il ne m'appartient pas de vous prier de punir, mais je dois vous supplier de faire cesser un si horrible scandale. Je vous demande ce désaveu, monsieur, et par cette lettre, et par ce placet ci-joint. »

Ce placet a pour titre : *Requête du sieur de Voltaire.* Il résume en neuf paragraphes tous ses griefs contre Desfontaines.

1° Le sieur de Voltaire représente très-humblement qu'il est très-vrai qu'en 1725, il fit tous ses efforts auprès de feu M. le maréchal de Villars pour faire tirer de Bicêtre le sieur Desfontaines qui y était enfermé, pour avoir corrompu plusieurs ramoneurs ; et M. le comte de Maurepas peut se souvenir de tous les soins que le sieur de Voltaire se donna pour lors ;

2° Il est très-vrai que l'abbé Desfontaines pour toute récompense fit un libelle contre le sieur de Voltaire ;

3° Il est très-vrai qu'il n'a cessé d'attaquer pen-

[1] La *Voltairomanie.*

dant dix ans le sieur de Voltaire et plusieurs gens de lettres par des injures atroces ;

4° Dans les *Observations* [1] même, quoique corrigées exactement par le sieur abbé Trublet, il a toujours glissé des calomnies personnelles, tantôt disant à propos de la *Henriade,* que le sieur de Voltaire avait intérêt à *ménager les Juifs,* tantôt l'accusant de *bassesses, d'irréligion,* quoiqu'indirectement ;

5° Il est prouvé par la lettre du sieur du Lyon, qui est entre les mains de M. d'Argental, conseiller au parlement, que le dit Desfontaines faisait un libelle contre le sieur de Voltaire, dans le temps même qu'il était condamné à la chambre de l'Arsenal, pour avoir vendu à Ribou une feuille scandaleuse ;

6° Le sieur de Voltaire a fait parler vingt fois à l'abbé Desfontaines par M. de Bernières, par l'abbé Asselin, proviseur de Harcourt, par le sieur Tiriot, pour l'engager à cesser tant de noirceurs et d'ingratitudes ;

» 7° Il a souffert dix années avant de se plaindre soit en vers, soit en prose, et quand il s'est plaint, il a dit simplement le fait ; il a fait voir ses bienfaits et l'ingratitude ;

---

[1] Titre de la collection des lettres Desfontaines sur les écrits modernes.

8° Aujourd'hui l'abbé Desfontaines inonde Paris et les pays étrangers d'un libelle diffamatoire [1] qui perdrait d'honneur le sieur de Voltaire s'il demeurait sans satisfaction ;

9° Le sieur de Voltaire ne demande qu'un désaveu aussi authentique que l'outrage ; il espère que ceux qui veillent au maintien des mœurs et des lois, daigneront lui faire obtenir ce désaveu, puisque les attestations authentiques qu'il a réunies entre leurs mains sont des preuves de la fausseté des accusations contenues dans le libelle.

» Le sieur de Voltaire attend tout des bontés et de l'équité de M. Hérault. »

Dès le lendemain, c'est-à-dire le 21 février, Voltaire appuie auprès de M. Hérault la requête qu'on vient de lire, par la lettre suivante :

« Je suis assurément bien plus touché, bien plus consolé de vos bontés, que je ne suis sensible aux impostures abominables d'un homme dont les iniquités de toute espèce sont si bien connues de vous.

» Je vous parle, monsieur, et comme au juge qui peut le punir selon les lois, et comme au protecteur des lettres, au pacificateur des citoyens et au père de la ville de Paris ; comme à mon juge, je ne ba-

[1] La *Voltairomanie*.

lancerai pas à vous présenter requête, et c'est à votre tribunal seul que j'ai souhaité de recourir, parce que j'en connais la prompte justice, que vous êtes instruit du procès, et que vous avez déjà condamné cet homme en pareil cas.

» Mais, monsieur, daignez considérer comme juge que, si l'abbé Desfontaines défend ses calomnies par de nouvelles impostures, il faut que je vienne à Paris pour me défendre. Il y a plus de trois mois que je suis hors d'état d'être transporté; vous connaissez ma santé languissante. Si je pouvais me flatter que vous pussiez nommer un juge du voisinage pour recevoir et vous renvoyer juridiquement mes défenses, et pour se transporter à cet effet au château de Cirey, je suis prêt à former la plainte en mon nom. Cependant, c'est une grâce que je n'ose pas demander, car je sens très-bien, malgré toute l'indulgence qu'on peut avoir pour ma mauvaise santé, quel respect on doit aux lois et aux formes.

» On m'a mandé que la plupart de ceux qui sont outragés dans ce libelle, ont rendu plainte, et je ne sais si cela est suffisant.

» Pour moi, monsieur, qui ne demande ni la punition de personne, ni dommage, ni intérêts, et qui n'ai pour but que la réparation de mon honneur, ce que j'ose vous demander ici avec plus d'instances, c'est que vous daignez interposer votre autorité de magistrat de la police et de père des citoyens, sans forme judiciaire à mon égard, et sans employer contre le sieur Desfontaines l'usage de la puissance du roi. Je vous conjure donc, monsieur, d'envoyer chercher l'abbé Desfontaines (si vous trouvez la chose convenable), et de lui faire signer un désaveu des calomnies horribles dont son libelle est plein.

» Ne peut-il pas déclarer qu'il se repent de s'être porté à cet excès et que lui-même, après avoir revu sa propre lettre au sortir de Bicêtre (que j'ai fait présenter à M. le chancelier, et dont vous, monsieur, vous avez copie), après avoir vu le témoignage de tant d'honnêtes gens qui déposent contre ses calomnies, ne peut-il pas reconnaître qu'il m'a injustement outragé, et promettre de ne plus tomber à l'avenir dans de semblables crimes? Voilà, monsieur, tout mon but. Ce que je demande est-il juste? c'est-il raisonnable? Je m'en remets à vous. Un procès criminel peut achever de ruiner ma santé, et troublera tout le cours de mes études qui sont mon unique consolation.

» Je sens, monsieur, toute la hardiesse de mes prières, et combien il est singulier de prendre mon juge pour mon conseil. Mais enfin je ne puis pas en avoir d'autre. Je me mets entre vos bras, je vous regarde comme mon protecteur. Je ne ferai que comme vous me prescrirez. Je ne veux point abuser de vos moments, mais si vous voulez me faire savoir vos ordres par M. Deon, dont je connais la probité, je m'y conformerai. Je lui renverrai sa lettre. Je serai toute ma vie, etc. »

En même temps qu'il s'adresse au lieutenant de police, Voltaire cherche à intéresser à sa cause tous les amis qu'il a laissés à Paris. Il va même jusqu'à exiger de Thiriot qu'il désavoue personnellement tous les faits contenus dans le libelle de Desfontaines, sinon il le déclare indigne de vivre. Quant à ses parents, il est entendu qu'ils formeront une sorte de ligue en sa faveur. La lettre qu'il écrit à l'abbé Moussinot, son homme d'affaires, est curieuse : « Convoquez tous mes parents; offrez-leur des carrosses, et, avec votre adresse et honnêteté ordinaires, le paiement de tous les faux frais. Ameutez les Procope, les Audry, même l'indolent Pitaval, les abbés Seran, de la Tour, etc., Trôlez de Mouhy; promettez-lui de l'argent, mais ne lui en donnez pas. Allez tous en corps à l'audience de M. le chancelier; rien ne fait un si grand effet sur l'esprit d'un juge bien disposé que ces apparitions de famille. »

C'est au même abbé de Moussinot que Voltaire écrit encore : « Le tribunal de M. Hérault m'est plus avantageux que celui du Châtelet; il est plus expéditif; il n'y a point d'appel; il n'y aura point de factum ; et je n'y aurai point à craindre de dénonciation étrangère à ce sujet. »

Voyez aussi comme les lettres et les billets à M. Hérault se multiplient. Voltaire ne craint pas de lui répéter cent fois les mêmes choses.

« Encore une fois, il faut que je vous importune ; mais, enfin, je ne veux devoir mon repos qu'à vous seul.

» Je vous supplie, monsieur, que je puisse obtenir un désaveu des calomnies infâmes du sieur Desfontaines. Je joins ici un mot de requête, et, si vous souhaitez lire dans quelques moments de délassement le *Mémoire* que j'avais composé, j'ai l'honneur de vous l'envoyer. Vous êtes homme de lettres. Comme magistrat, vous soutenez les arts et les lois. J'attends ma tranquillité et ma défense de votre seule décision. »

Ce 2 mars.

« Permettez que je vous renouvelle encore mes très-humbles prières et ma reconnaissance. Je crois toujours le bon ordre dont vous êtes le soutien intéressé dans l'affaire de l'abbé Desfontaines. Il me paraît encore (en me soumettant toujours à vos lumières et à vos ordres), qu'il est plus décent pour moi que quelqu'un de ma famille, mon neveu, par exemple, officier à la Chambre des Comptes, dont le grand-père est traité de paysan, etc., vous rende plainte contre le libelle, en se désistant dans les vingt-quatre heures, et en laissant agir votre justice. C'est dans cette vue que je lui écris de vous présenter requête. Je suis toujours prêt à vous en présenter une en mon nom, si vous le jugez à propos.

» J'aurai d'ailleurs l'honneur de vous avertir que l'abbé Desfontaines, agissant puissamment auprès de M. le procureur du roi, prétend que vous ne pouvez pas être son juge.

» Mais, moi, monsieur, tout ce que je souhaite, et tout ce que je demande, c'est que cette affaire se termine par votre autorité, soit de juge, soit d'homme du roi, chargé du repos et de l'honneur des citoyens.

» Vous avez, monsieur, en main les preuves qui démontrent les calomnies du sieur Desfontaines; vous ne doutez pas qu'il ne soit l'auteur du libelle infâme; vous connaissez l'homme, vous l'avez déjà puni.

» J'oserais vous demander en grâce, monsieur, de daigner au moins lui parler au nom du roi qui vous confie une partie de son autorité, et d'exiger de lui un désaveu des calomnies infâmes répandues dans ce libelle. La juste crainte où il est d'un châtiment plus sévère, et son respect pour vous, ne lui permettront pas de se soustraire à des ordres si équitables et si modérés.

» D'ailleurs, monsieur, j'ai remis sur cela mes intérêts entre les mains de M. le marquis du Chastelet, qui veut bien avoir la bonté de s'en charger, et qui joindra aux bontés infinies dont il m'honore, celle de vous présenter ma respectueuse reconnaissance. »

Ce 20 mars.

« Je vous ai toujours conjuré de vouloir bien rendre le repos à un citoyen aussi indignement traité que je le suis par le sieur Desfontaines. Je n'ai demandé justice qu'à vous. Je vous la demande encore. L'exécration publique contre mon ennemi, la voix des honnêtes gens et votre justice vous parlent en ma faveur. Souffrez, monsieur, que je joigne la reconnaissance aux sentiments qui m'attachent à vous depuis si longtemps. »

Le Mémoire mentionné dans un des précédents billets avait été rédigé pour M. d'Argenson. Voltaire le fit et le refit plusieurs fois; car, d'après ce qu'il écrit à l'abbé d'Olivet, il voulait que ce fût un ouvrage pour la postérité et non un *factum* [1]. On y

---

[1] On sait que Voltaire, en parlant ou en écrivant sur Desfon-

16*

reconnaît, en effet, un ordre raisonné dans l'exposition des faits, et un grand soin du style. Le caractère de l'abbé Desfontaines y est impitoyablement stigmatisé, et chacun de ses libelles passé au crible. Rien, en un mot, n'est oublié dans ce Mémoire, qui de la honte constatée de l'abbé Desfontaines puisse faire surgir la justification et la gloire de Voltaire. On en jugera par ces quelques extraits.

« Un ennemi cruel du sieur de Voltaire (Eh ! pourquoi est-il son ennemi ? on le sait) prend prétexte du Préservatif pour inonder Paris du plus affreux libelle diffamatoire qui ait jamais soulevé l'indignation publique. Comment ne serait-on pas révolté d'un libelle où l'on traite si injurieusement M. Audry, qui travaille avec applaudissement depuis trente ans sous M. Bignon, au *Journal des Savants;* où l'on appelle un autre médecin, Tersite de la

taines, a pris souvent un tout autre ton que celui de son *Mémoire.* Voici à ce sujet quelques vers tirés d'un de ses manuscrits conservés à Saint-Pétersbourg; j'ignore s'ils sont inédits :

> « Pour juger la littérature,
> L'impudence en original,
> La faim, l'envie et l'imposture
> Se sont construit un tribunal.
> De ce petit trône infernal,
> Où siégent ces quatre vilaines,
> Partent les arrêts du journal
> De monsieur l'abbé Desfontaines. »

famille ; M. de Fontenelle, ridicule ; celui-là faquin, celui-ci polisson ; un autre cyclope, un autre colporteur, un autre enragé, etc. ; où l'on ne prodigue enfin que des injures atroces, ce malheureux partage de la colère et de l'aveuglement. J'ose demander surtout à l'estimable corps des avocats quelle est leur indignation contre un perturbateur du repos public qui ose mettre sous le nom d'un avocat cet écrit scandaleux, comme s'il y avait un avocat qui fît un Mémoire sans le signer, qui pût se charger de tant d'horreurs, qui pût jamais écrire d'un semblable style [1] !

» Pour mieux confondre toutes ces satires infâmes, toutes ces accusations que le sieur Desfontaines a semées et qu'il voudrait répandre dans toute l'Europe savante contre le sieur de Voltaire, nous ne voulons ici que mettre sous les yeux du lecteur, en peu de mots, qui sont ceux que cet écrivain a outragés et comment il les a outragés. Ne parlons que des libelles mêmes qu'il avoue, et ne citons que des faits publics.

» M. l'abbé de Houteville fait un livre éloquent et estimé sur la religion chrétienne. L'abbé Desfon-

---

[1] La *Voltairomanie* portait en sous-titre : *Lettre d'un jeune avocat en forme de Mémoire, au nom des avocats.* Un membre du barreau de Paris, nommé Pageau, récusa au nom de son ordre toute participation à ce libelle de Desfontaines. Voltaire cite sa lettre dans son *Mémoire sur la Satire.*

taines écrit contre ce livre à mesure qu'il le lit, fait imprimer à mesure qu'il compose, et enfin (quel aveu pour un satirique !) il est obligé d'avouer dans le cours de sa critique, qu'il s'est hâté de reprendre dans la première partie du livre de M. l'abbé Houteville, des choses dont il trouve l'explication dans la seconde. Y a-t-il un plus grand exemple d'une satire injuste et précipitée ?.

» Imprime-t-on un livre sage et ingénieux de M. Murat, qui fait tant d'honneur à la Suisse, et qui peint si bien les Anglais chez lesquels il a voyagé, l'abbé Desfontaines prend la plume, déchire M. Murat qu'il ne connaît pas, et décide sur l'Angleterre qu'il n'a jamais vue. Quelles censures injustes, amères, mais frivoles de l'*Histoire du vicomte de Turenne,* par M. de Ramsay ! Ce savant Écossais écrit dans notre langue avec une élégance singulière ; il honore par là notre nation, et un homme qui dans ses gazettes littéraires ose parler au nom de cette nation, outrage cet étranger estimable ! L'illustre marquis Maffey fait-il un voyage en France, l'observateur saisit cette occasion pour l'avilir, pour parler indignement de la tragédie de *Mérope ;* il en traduit des scènes, où on lui prouve qu'il en avait altéré le sens. Avec quelle opiniâtreté ne s'est-il pas longtemps déchaîné contre M. de Fontenelle, jusqu'à ce qu'on lui ait enfin imposé silence ; mais que la satire est aveugle et qu'on est malheureux de ne chercher qu'à reprendre là où tous les autres hommes cherchent à s'instruire ! Il s'honorait de l'amitié et des instructions de M. l'abbé d'Olivet, il fait imprimer clandestinement un livre contre lui, il ose le dédier à l'Académie française, et l'Académie éternise dans ses registres son indignation contre le livre, la dédicace et l'auteur.

» Quel acharnement personnel l'abbé Desfontaines n'a-t-il pas marqué contre feu M. de Lamotte ? Y a-t-il beaucoup de gens de lettres qu'il n'ait pas offensés ? Par où est-il connu que par ses outrages ? Quel trouble n'a-t-il pas voulu porter partout, tantôt imprimant les satires les plus sanglantes contre un certain auteur, tantôt se liguant avec lui pour écrire ses libelles, pour faire la *Ramsaïde* qu'il osa bien envoyer à Cirey ; pour distribuer dans Paris, pour imprimer des feuilles scandaleuses, délit dont il a été juridiquement convaincu à la chambre de l'Arsenal, et pour lequel il a obtenu des lettres d'absolution ; mais ces lettres du roi, qui ont pardonné un crime, donnent-elles le droit d'en commettre encore ? Nous avons la preuve, par une lettre déposée dans les mains du magistrat, que le jour même qu'il fut condamné, il acheva ce libelle contre le sieur de Voltaire, duquel nous venons de parler tout-à-l'heure. »

Est-il possible de mieux disséquer un auteur et d'en faire ressortir avec plus de concision tous les vices ? Le Mémoire est tout entier sur ce ton. Ce n'est plus cette sauvage rudesse que Voltaire déployait naguère contre Jore, c'est de la fine et spirituelle critique ; une véritable indignation de grand seigneur. On voit bien qu'en écrivant contre Desfontaines, Voltaire écrivait pour la postérité. Rien ici qui sente le *factum*. Ecoutons surtout cette péroraison, où le nom de J.-J. Rousseau vient se mêler à celui de l'abbé Desfontaines, Voltaire voulant frapper du même coup les deux hommes qu'il regarde comme ses plus mortels ennemis [1].

[1] Voltaire n'eut pas à souffrir seulement des critiques de Rousseau et de l'abbé Desfontaines ; Fréron et l'abbé de La Porte lui causèrent des soucis non moins cuisants. Les deux lettres suivantes, adressées au lieutenant de police, témoignent jusqu'à quel point il en était affecté, et combien il désirait qu'un coup d'autorité le délivrât de cette persécution. Malheureusement, les grands personnages dont il invoque l'intervention ne peuvent lui promettre que de bons offices.

Paris, 15 mars 1750.

« Je me suis présenté à votre porte pour vous supplier de ne point laisser avilir les gens de lettres en France, et surtout ceux que vous honorez de vos bontés, au point qu'il soit permis aux sieurs Fréron et abbé de la Porte, d'imprimer tous les quinze jours les personnalités les plus odieuses. L'abbé Raynal, attaqué comme moi, est venu avec moi, monsieur, pour vous supplier de supprimer ces scandales dont tous les honnêtes gens sont indignés. Ayez la bonté, monsieur, d'en conférer avec M. d'Argenson, si vous le jugez nécessaire. Daignez prévenir les querelles

« Nous nous taisons ici, parce que nous avons trop à dire ; nous n'étalerons pas au public les preuves de dix années de calomnies, les remords de ceux qui ont eu part à tant d'horreurs, nous ne ferons point remarquer que les coupables les plus punis sont ceux qui se corrigent le moins ; nous avons de quoi faire un procès criminel plus funeste que celui qui priva le sieur Rousseau de sa patrie ; nous ne montrons point ici la lettre de M. le duc d'Aremberg, qui convainc cet homme d'une nouvelle imposture. Nous lui souhaitons seulement des remords véritables. Plût à Dieu que ces que-

violentes qui naîtraient infailliblement d'une pareille licence. Elle est portée au plus haut point. Et, pour peu que vous le vouliez, elle cessera. Il est dur pour un homme de mon âge, pour un officier du Roi, d'être compromis avec de pareils personnages. Je vous conjure de m'en épargner le désagrément. Je vous aurai deux obligations, celle de mon repos et celle de rester en France. J'ai l'honneur d'être, etc. »

A Paris, ce 19 mars 1750.

« M. le comte d'Argenson, monsieur, me fait dire par M. le président Hénault, *qu'il pense comme moi,* sur le compte de ceux qui troublent la société par ces libelles, mais que, ne *pouvant entre-prendre sur les fonctions* de ceux qui président à la *librairie,* il se trouve *réduit à de bons offices.* Voilà les propres mots de la lettre de M. le président Hénault. Quels meilleurs offices, monsieur, qu'un mot de la bouche d'un homme comme vous ? Il est bien certain que, si vous voulez envoyer chercher La Porte, et relles si déshonorantes pussent aussi aisément s'éteindre qu'elles ont été allumées ! Plût à Dieu qu'elles fussent oubliées à jamais ! Mais le mal est fait, il passera peut-être à la postérité. Que le repentir aille donc jusqu'à elle. Il est bien tard, mais n'importe, il y a encore pour le sieur Rousseau quelque gloire à se repentir. Peut-être même, si nos fautes et nos malheurs peuvent corriger les autres hommes, naîtra-t-il quelque avantage de ces tristes querelles, dont le sieur Rousseau a fatigué deux générations d'hommes. Cet avantage que j'espère de ce fléau malheureux, c'est que les

surtout Fréron, contre lequel tous les honnêtes gens sont indignés, et leur représenter, avec l'autorité de votre place et celle de la persuasion, qu'ils ne doivent pas attaquer personnellement les sujets du Roi, vous les ferez taire, et vous rendrez service à la société et aux lettres.

» Il est douloureux qu'à mon âge, entouré d'une nombreuse famille composée de magistrats et d'officiers, et étant moi-même officier de la maison du Roi, je sois exposé continuellement aux insolences de ces barbouilleurs de papier. Il n'est pas permis de se faire justice à soi-même. Je ne la demande qu'à vous, monsieur, et je vous supplie, au nom de tous les honnêtes gens, d'avoir la bonté d'envoyer ordre à Fréron de venir vous parler, et de daigner lui donner celui d'être plus circonspect. Il demeure rue de Seine, chez un distillateur. Vous pouvez, monsieur, finir d'un mot tout ce scandale. J'ose l'espérer de votre sagesse, de votre justice et de vos bontés pour moi. J'ai l'honneur, etc. »

gens de lettres en sentiront mieux le prix de la paix et l'horreur de la satire, et qu'il arrivera dans la littérature ce qu'on voit dans les États qui ne sont jamais mieux réglés qu'après des guerres civiles.

» Que les gens de lettres songent encore une fois quels sont les fruits amers de la critique, qu'ils songent qu'après trente années on retrouve un ennemi, et qu'un mot suffit pour empoisonner toute la vie. Pourquoi l'abbé Prévost, qui juge très-librement des ouvrages d'esprit, ne s'est-il point fait d'ennemis ? C'est qu'il est poli et mesuré dans ses critiques les plus sévères. Pourquoi celui qui en use autrement est-il en exécration dans Paris ? Chaque lecteur trouvera aisément la réponse. Le sieur de Voltaire avouera sans peine qu'il a été trop sensible aux traits de ses deux ennemis, Rousseau et Desfontaines, aux injustices du premier, parce qu'il estimait beaucoup quelques-uns de ses anciens ouvrages, et que l'auteur de la *Henriade* ne méritait pas ses insultes ; aux outrages du second, parce qu'il est affreux d'être ainsi traité pour prix de ses bienfaits. Il y a des hommes qui ont l'art d'opposer le silence aux injures et de forger sourdement les traits de leur vengeance ; il y en a d'autres qui, nés avec un cœur plus ouvert et incapables de dissimuler, disent hautement ce qu'ils sentent et ce qu'ils pensent. Le sieur de

Voltaire est de ce nombre. Il espère que les magistrats auxquels il a l'honneur de présenter ce Mémoire compatiront à sa sensibilité, et rendront justice à sa bonne foi.

» Ce Mémoire, composé à la hâte par un homme qui n'a que la vérité pour éloquence et son innocence pour protection, apprendra du moins à la calomnie à trembler. Son véritable supplice est d'être réfutée, et s'il n'y a point parmi nous de loi contre l'ingratitude, il y en a une gravée dans tous les cœurs qui venge le bienfaiteur outragé et punit l'ingrat qui persécute [1]. »

Tant de démarches et de sollicitations ne pouvaient rester sans effet. Desfontaines eut beau lutter, il fallut se rendre. M. Hérault le fit appeler devant lui, et l'obligea à signer le désaveu réclamé par Voltaire. En voici les termes : « Je déclare que je ne suis point l'auteur d'un libelle imprimé, qui a pour titre : *la Voltairomanie,* et que je le désavoue en son entier, regardant comme calomnieux tous les faits qui sont imputés à M. de Voltaire dans ce libelle, et que je me croirais déshonoré si j'avais eu

[1] Le Mémoire de Voltaire, contre l'abbé Desfontaines, imprimé dans l'édition Beuchot, a une péroraison différente de celle que je viens de citer. Ceux qui voudront les comparer donneront, sans doute, la préférence à cette dernière.

la moindre part à cet écrit, ayant pour lui tous les sentiments d'estime dus à ses talents, et que le public lui accorde si justement. »

Cet acte, qui porte la date du 4 avril 1739, n'était évidemment, de la part de l'abbé Desfontaines, qu'une concession forcée dont il devait lui-même se moquer tout le premier. Aussi, voyons-nous Voltaire, qui en fut médiocrement satisfait, se plaindre plus tard à M. d'Argenson de ce que Desfontaines avait l'impudence de revenir sur son désaveu. Quoi qu'il en soit, la grande querelle soulevée par *la Voltairomanie* se trouva désormais apaisée. Voltaire passant par Reims quelques jours après, écrit deux billets au lieutenant de police, où il ne lui parle que de sa reconnaissance.

« Je comptais passer par Paris, comme j'avais eu l'honneur de vous le mander ; mais les affaires des personnes avec qui j'ai l'honneur de vivre, sont si pressantes qu'il faut nécessairement aller en Flandre. Je me flatte qu'au moins, à mon retour, je pourrai avoir le plaisir de vous faire ma cour et de vous renouveler les assurances du respect et de la reconnaissance avec lesquels je serai toute ma vie, etc., etc. »

« Je ne puis m'empêcher encore, monsieur, de saisir cette nouvelle occasion de vous remercier de toutes vos bontés. Je me flatte que ma lettre, parvenue sous le couvert de M. de Séchelle, sera favorablement reçue, et que la bienveillance dont il m'honore depuis longtemps fortifiera les sentiments de bonté que vous avez toujours eus pour moi ; il ne me reste que le regret de n'avoir pu vous faire ma cour à Paris comme je l'espérais. »

Nous terminerons l'affaire de la *Voltairomanie* par l'extrait d'un écrit singulier publié peu après le désaveu de l'abbé Desfontaines, par le médecin Procope, sous le titre de *Jugement désintéressé du démêlé qui s'est élevé entre M. de Voltaire et l'abbé Desfontaines*. Comme dans cet écrit, l'auteur *bat* tantôt d'un côté, tantôt de l'autre, on l'appela le *Timbalier*.

« Le tout bien examiné, messieurs, je conclus que laissant là toute hostilité après avoir fait préalablement amende honorable au public, avouant qu'imprudemment et comme malavisés vous l'avez scandalisé par vos discours infamants, vous devez, vous, monsieur de Voltaire, continuer à faire des vers, des histoires ou enfin étudier la philosophie et laisser jouir M. l'abbé de ses droits de critiquer les bons ou mauvais livres, selon que l'intérêt ou la passion en décideront. Et vous, monsieur l'abbé, gardez-vous dans la suite d'inquiéter M. de Voltaire, soit que couché nonchalamment sur le bord de la fontaine de Castalie, il se plaise à chanter sa chère Amaryllis, soit qu'animé d'une plus noble ardeur, il prenne son essor vers le haut des cieux, pour y régler la marche du firmament, ou que, descendu dans les abîmes où se cache la nature, il la surprenne dans ses fonctions les plus secrètes.

» Ce faisant, messieurs, le public indulgent regardera comme non avenues toutes vos folies passées.

III

VOLTAIRE. — LA POLICE. — LA CENSURE ET LES
PARODISTES.

Jusqu'ici la correspondance de Voltaire avec
la police nous l'a montré luttant contre ses éditeurs et ses critiques. Maintenant, nous allons le
voir aux prises avec la censure et les parodistes.
Nous ne trouverons point ici cette indignation dé-
clamatoire, cette passion irritée qui caractérisent
les lettres précédentes. Dans les questions délicates, Voltaire savait se contenir, il n'en arrivait
ainsi que plus sûrement à son but. Si parfois sa
verve s'échauffe encore, si quelques gouttes de fiel
tombent de sa plume, il s'en justifie habilement
en mettant sa propre personnalité sous l'égide
de l'intérêt général. D'ailleurs, le gouvernement
de la police n'était plus entre les mains de M. Hérault. M. Berrier lui avait succédé, et avec M. Berrier,
Voltaire n'avait ni la même intimité, ni la même

effusion. Toutefois, dans la correspondance qui va passer sous nos yeux, Voltaire n'abdique pas plus qu'il ne l'a fait jusqu'ici son amour-propre et le soin de sa gloire. Tels sont toujours, au contraire, les puissants motifs qui le font agir. Mais comme il les déguise avec art! Son orgueil se voile de modestie, sa colère, de modération.

A l'époque dont nous parlons (1748), la censure théâtrale était en France une des grandes préoccupations du pouvoir. Tandis que les livres étaient du ressort de l'Université, de la Sorbonne ou du parlement, les pièces dramatiques relevaient de la police. Elle employait pour cela jusqu'à quatre-vingt-seize censeurs. C'était une affaire d'État que l'examen de la plus mince comédie. On y dépensait plus d'écriture que dans la négociation diplomatique la plus compliquée. Qui pourrait dire les sollicitations, les plaintes, les recommandations dont les bureaux de la censure étaient assiégés! Les influences les plus contraires y avaient leur écho. Aussi, rien de plus difficile que d'en arracher un avis définitif, une décision. Beaumarchais raconte que, pour obtenir la permission de faire représenter son *Barbier de Séville,* il fit plus de soixante courses inutiles à l'hôtel du lieutenant-général. Souvent le cabinet, le roi lui-même s'en mêlaient; toujours du moins les gentilshommes de la chambre, auxquels leur charge attribuait la surintendance des théâtres.

L'impression du *Mahomet* de Voltaire absorba, pendant plusieurs semaines, la cour et le département de la justice. De l'une à l'autre, les dépêches s'échangeaient avec la même vivacité que s'il se fût agi du salut de la patrie. Singulier siècle qui, à une licence de mœurs sans exemple, à un esprit frondeur poussé jusqu'à l'audace, joignait, dans leur plus solennel appareil, les mesures que les gouvernements les plus austères emploient habituellement pour protéger la religion, la société et la vertu!

Parmi les quatre-vingt-seize censeurs officiels, il en est un que Voltaire redoutait particulièrement. C'était Crébillon. Indépendamment de ce nuage de rivalité qui devait naturellement s'élever entre deux hommes jetés dans la même carrière, Voltaire, en refaisant certaines pièces de Crébillon, lui avait porté le plus rude coup que celui-ci pût recevoir dans son amour-propre d'auteur. Ajoutez à cela les intrigues de madame de Pompadour, qui, favorisant Crébillon pour narguer Voltaire, attisait ainsi l'irritation et la défiance qui les excitaient déjà l'un contre l'autre. Quelle n'était donc pas l'anxiété de Voltaire, lorsqu'il savait quelqu'une de ses pièces aux mains du censeur Crébillon! Cette anxiété le tourmenta surtout, lorsqu'il fut question de *Sémiramis*, *Sémiramis* que Crébillon avait mise le premier au théâtre. Pour ravir à ce dernier autant que possible l'initiative de son propre jugement, il chercha à le

11.*

faire prévenir par le lieutenant général de police, lui-même. Tactique adroite, car l'approbation de ce magistrat étant le passe-port obligé de tous les arrêts de la censure, Crébillon, pas plus que ses autres collègues, ne pouvait s'y soustraire. Voyez, aussi, par quelles flatteuses insinuations, par quelles craintes affectées d'une injustice possible, Voltaire cherche à capter la bienveillance de M. Berrier, et l'amène à transformer une affaire officielle en service particulier, en confidentielle obligeance. Voltaire aura déjà M. Berrier de son côté, quand Crébillon sera appelé à donner son avis.

« Permettez, lui écrit-il, qu'en partant pour Commercy, je remette la tragédie de *Sémiramis* entre vos mains et que je vous demande votre protection pour elle. On la représentera pendant mon absence. Je commence par la soumettre à votre décision, non-seulement comme à celle du magistrat de la police, mais comme aux lumières d'un juge très-éclairé. M. Crébillon, commis par vous à l'examen des ouvrages du théâtre, a fait autrefois une tragédie de *Sémiramis,* et peut-être ai-je le malheur qu'il soit mécontent que j'aie travaillé sur le même sujet. Je lui en ai pourtant demandé la permission, et je vous demande à vous, monsieur, votre protection, m'en remettant à vos bontés et à votre prudence. »

Une aussi gracieuse et aussi modeste requête ne pouvait qu'être favorablement accueillie. M. Berrier s'empressa de répondre à Voltaire : « J'ai reçu, monsieur, avec la lettre que vous m'avez fait l'honneur de m'écrire, la copie manuscrite de votre tragédie de *Sémiramis* dont je vous suis sensiblement obligé. Ne doutez pas que je ne la lise avec grand plaisir, et je vous promets qu'elle ne sortira pas de mes mains. »

Ainsi donc, la tragédie de *Sémiramis* ne se présenta devant la censure que sous l'égide du lieutenant de police. L'approbation lui était assurée. Cependant, Crébillon ne laissa pas que d'exiger quelques suppressions.

Voltaire s'en montra fort chagrin et invoqua l'autorité de M. Berrier, pour obtenir justice contre le censeur.

« Je vous prie, monsieur, de vouloir bien permettre qu'on récite quelques vers que M. Crébillon a retranchés et qui sont absolument nécessaires. Je vous en fais juge. Si le personnage chargé de ces vers ne les débite pas, Sémiramis, qui lui réplique, ne répond plus convenablement ; et ce disparate gâte un endroit essentiel à l'ouvrage. Vous trouverez ci-joint les vers en question. Je vous prie de me les renvoyer approuvés de votre main, afin que l'acteur puisse les réciter. Je vous demande bien pardon de ces bagatelles, mais vous entrez dans les petites choses comme dans les grandes. »

Voici les vers que Crébillon avait retranchés. Ils tiennent à l'acte second, dans la scène entre Assur et Sémiramis :

ASSUR.

« Je suis épouvanté, mais c'est de vos remords,
Les vainqueurs des vivants redoutent-ils les morts?
Ah! ne vous formez plus de craintes inutiles,
C'est par la fermeté qu'on rend les dieux faciles.

. . . .

SÉMIRAMIS.

. . . .

» Croyez-moi, les remords à vos yeux méprisables
Sont la seule vertu qui reste à des coupables. »

Ces vers furent, en effet, rétablis, et il paraît, à la réponse du lieutenant de police, que ce fut sans l'intervention de Crébillon. « Quant à l'endroit de votre pièce où le censeur a retranché quelques vers, je parlerai aux comédiens, pour tâcher d'arranger les choses à votre satisfaction. Au surplus, elle doit être remplie par le succès qu'elle a eu. Recevez-en mon compliment que je vous fais de tout cœur. Il y a longtemps que vous êtes accoutumé aux applaudissements, et je me suis toujours fait un plaisir de les prévenir dans le public. »

Le succès de *Sémiramis* ne fut pourtant pas d'abord aussi brillant que M. Berrier veut bien le dire. Malgré tous les efforts de Voltaire qui avait peuplé une grande partie de la salle de ses amis, la première représentation ne fut que très-froidement accueillie.

Cela tenait à trois causes : l'imperfection de la pièce, la disposition vicieuse de la scène, le mauvais vouloir des acteurs.

Voltaire travaillait excessivement vite. A peine l'idée était-elle conçue dans son esprit qu'elle brillait aussitôt à la pointe de sa plume, tant la forme lui était légère ! A cette facilité merveilleuse joignez une impatience de jouir qui tenait de la fièvre, et vous comprendrez cet appel sans cesse renouvelé que le grand homme adressait au public. Du reste, Voltaire usait, mais n'abusait pas de sa facilité ; la correction ne lui était point un insupportable joug. En matière dramatique surtout, il aimait à se déclarer le très-humble serviteur du public, et il agissait en conséquence.

Quel empressement à le servir ! D'un jour à l'autre il bouleversait une pièce, et il ne fallait rien moins que l'intervention du premier gentilhomme pour forcer les comédiens à se plier à toutes ses transformations. Cette habitude que Voltaire avait prise à Paris, il la garda partout; elle devint une véritable manie, en sorte qu'un plaisant put dire avec vérité, en parlant de l'*Orphelin de la Chine*, qu'il existait trois pièces de ce nom : celle qu'on jouait à Paris, celle qui était en route et qu'on jouerait dans quelques jours, et celle que l'auteur était en train de remanier aux Délices pour l'expédier le lendemain. Voltaire se tourmentait en pensant que ce qu'on jouait à Paris, que ce qu'on allait y jouer encore pendant plusieurs jours n'était pas sa bonne, sa véritable pièce. Il tremblait que de toutes ces variantes, les acteurs ne prissent plutôt celles qui leur convenaient que celles auxquelles il attachait lui-même un caractère définitif. « Je vous supplie instamment, mademoiselle, écrivait-il à la Clairon, de vouloir bien conserver ces deux vers... Je vous demande aussi grâce pour ceux-ci. Je ne peux pas concevoir comment on a pu ôter de votre rôle ce vers.... Je vous demande pardon de tous ces détails.... » Grand aussi était son tourment, quand on imprimait trop tôt, et que la pièce était livrée au public avec des vers qu'il ne voulait pas conserver. Il s'en plaint vivement à d'Argental. « J'essuie plus d'une tribulation. Prault a imprimé *Tancrède*. Non-seulement il ne l'a point imprimé tel que je l'ai fait, mais ni Prault, ni Lekain, ni mademoiselle Clairon, qui en ont tant profité, n'ont daigné m'en faire tenir un exemplaire. La pièce est extrêmement altérée, et d'une manière qui, dit-on, me couvre de honte. » Prault, le libraire, n'eût pas mieux demandé, sans doute, que de donner une bonne édition, mais où la prendre? A chaque représentation, c'était une pièce différente. Il est des auteurs qui n'envoient à l'imprimeur qu'un brouillon et qui refont leur travail sur les épreuves. Voltaire faisait mieux. Il envoyait son brouillon aux comédiens, et c'était seulement après plusieurs essais publics qu'il donnait à sa pièce sa forme définitive. « J'ai pris sur les maux qui m'accablent, sur le sommeil que je ne connais guère, écrivait-il à d'Argental, à l'occasion de l'*Orphelin de la Chine*, un peu de temps à la hâte pour désigner, pour arrondir ce que j'ai pu. » Il appelle les cinq actes de ses pièces ses cinq magots. Il se compare à un Chinois ouvrier en porcelaine, cuisant et recuisant ses figures, les vernissant, les dorant, croyant toujours avoir fini et s'y remettant toujours.

Ainsi donc, de même que les autres pièces de Voltaire, la tragédie de *Sémiramis* fut présentée la première fois au public, sinon à l'état d'ébauche, du moins en telle condition qu'il y aurait eu outrecuidance à compter sur un succès immédiat. Ce n'est qu'à la troisième représentation, c'est-à-dire lorsque l'auteur eut déjà retouché son œuvre, que le public se montra décidément satisfait. Mais Voltaire, qui vise à la postérité, ne se contente pas d'un triomphe qui peut être éphémère. Il remet sa pièce sur le métier, il la recorrige, il la refond. Ceux qui l'ont vue au début ne la reconnaîtront plus à la reprise. « A l'égard de la pièce, écrit-il à d'Argental, je vous jure que je la travaillerai pour la reprise avec le peu de génie que je peux avoir et avec beaucoup de soin. »

Après ce travail de correction, la chose qui préoccupe le plus Voltaire, c'est de soustraire sa tragédie aux abus étranges qui régnaient à cette époque sur le théâtre. « Ce qui empêche, dit-il, que l'action ne soit vraiment tragique, c'est la construction du théâtre, la mesquinerie du spectacle. Nos théâtres sont, en comparaison de ceux des Grecs et des Romains, ce que sont nos halles, notre place de Grève, nos petites fontaines de village, en comparaison des aqueducs et des fontaines d'Agrippa, du *Forum Trajani,* du Colisée et du Capitole... Des bateleurs louent un jeu de paume pour représenter *Cinna* sur des tréteaux... Que peut-on faire sur une vingtaine de planches chargées de spectateurs ? »

Qu'on se figure, en effet, ces vingt planches éclairées par une vingtaine de chandelles, couvertes à droite et à gauche d'un double rang de siéges réservés aux amateurs qui causent, rient, et font tout haut leurs remarques. A peine si l'on a laissé au milieu un petit espace libre... Et c'est ce petit espace qui va devenir, bon gré mal gré, un palais, un temple ou les pláines de quelque empire lointain. C'est au milieu de ce cercle remuant que l'imagination des spectateurs devra se représenter Polyeucte seul dans sa prison, ou des amants en tête-à-tête, ou des conjurés complotant dans le plus profond secret. Puis, quelque habitués que pussent être les acteurs à cet encombrement, comprend-on ce que leur jeu devait y perdre ? Les jours de foule, ils pouvaient à peine se frayer un passage ; Mithridate, apporté mourant, avait été entendu disant tout bas : « Pardon, messieurs ! » Et, dans *Sémiramis*, au moment où l'ombre de Ninus s'avance sur la scène, un soldat en faction dans les coulisses, avait crié : « Place à l'ombre ! »

Quant aux costumes, la vraisemblance et la couleur locale n'étaient pas mieux observées. Ce n'était pas assez d'habiller en marquis français tous les héros de l'antiquité romaine ou grecque ; on entassait dans ce travestissement déjà étrange tous les raffinements du mauvais goût. Un roi, s'appelât-il Nicomède ou Attila, avait invariablement des gants blancs à franges d'or, des galons sur toutes les coutures, des diamants de verre à son épée ; un guerrier avait le *tonnelet,* espèce de panier, qui s'attachait au-dessous de la ceinture et que recouvrait un court jupon. Les allures, les gestes répondaient à ces mascarades. « Dans *Cinna*, dit

Voltaire, on voyait arriver Auguste avec la démarche d'un matamore, coiffé d'une perruque carrée qui descendait par devant jusqu'à la ceinture. Cette perruque était farcie de feuilles de laurier et surmontée d'un large chapeau avec deux rangs de plumes rouges. Il se plaçait sur un énorme fauteuil à deux gradins, et Maxime et Cinna étaient sur deux petits tabourets. » Les femmes portaient, de leur côté, la haute coiffure poudrée, le grand panier, la robe à queue. Un jour que l'on donnait les *Horaces,* la Duclos, qui jouait Camille, s'élança après les imprécations pour sortir ; mais elle se prit dans sa queue, et la voilà par terre ; Horace, qui courait après elle pour la tuer, la relève, la soutient, la conduit jusqu'à la coulisse ; et là, reprenant son rôle, se remet à la poursuivre en criant :

« Va dedans les enfers joindre ton Curiace ! »

On comprend jusqu'à quel point un auteur dramatique de tant de bon sens et d'esprit que Voltaire devait être choqué et affligé de toutes ces anomalies. Il dirigea contre elles ses efforts les plus énergiques. Ce qui lui était surtout insupportable, c'était ce mélange des spectateurs et des acteurs sur la scène. « Une telle indécence, dit-il, se fit sentir particulièrement à la première représentation de *Sémiramis.* La principale actrice de Londres, qui était présente à ce spectacle, ne revenait pas d'étonnement ; elle ne pouvait concevoir comment il y avait des hommes assez ennemis de leurs plaisirs pour gâter ainsi le spectacle sans en jouir. » Voltaire s'adresse aux gentilshommes de la chambre pour qu'ils fassent cesser cet odieux scandale ; il invoque l'autorité du lieutenant de police : « Monsieur, écrit-il à ce dernier, à son retour de Commercy, le 30 août 1748, c'est-à-dire, le lendemain de la première représentation de *Sémiramis*, j'apprends, en arrivant à Paris, que le public reçoit avec quelque indulgence une tragédie d'un goût un peu nouveau, que vous honorez de vos bontés. Des pièces de théâtre qui respirent la vertu sont par là une partie de la police digne de votre attention. Je vous supplie de vouloir bien ordonner que deux exempts soient sur le théâtre pour faire ranger une foule de jeunes Français qui ne sont guère faits pour se rencontrer avec des Babyloniens. »

A ce billet, le lieutenant de police répond : « J'ai été instruit, monsieur, de la grande foule qu'il y a eu sur le théâtre jeudi, et qui a pu gêner la représentation. Mais quel remède apporter au moment même ! Lorsque les spectateurs sont entrés et placés, peut-on les faire sortir, et par qui commencer ? L'abus provient du trop grand nombre de billets que les comédiens distribuent. D'ailleurs, les billets de théâtre n'étant pas différents des places principales, tout le monde préfère le théâtre et veut y être, parce qu'on se communique plus facilement que dans les loges. Je viens de charger l'exempt de parler, de ma part, aux comédiens, et de se concerter avec eux pour prendre, de très-bonne heure, de justes précautions pour ne point laisser entrer plus de monde qu'il ne faut au théâtre. »

Ce n'est pourtant qu'en 1760, c'est-à-dire douze ans après la courageuse campagne ouverte par Voltaire que le théâtre se trouva enfin débarrassé des parasites qui l'encombraient et livré exclusivement aux acteurs. Ce fut un vrai triomphe pour les auteurs, un triomphe aussi dont ils pouvaient revendiquer pour eux seuls toute la gloire. Car, il faut bien le dire, du côté des comédiens, ils ne trouvèrent, dans cette circonstance, qu'un très-faible soutien. Les comédiens aimaient beaucoup mieux se mêler aux gentilshommes qui les coudoyaient sur la scène, que de plaire à messieurs les auteurs en tirant de leurs pièces le plus grand effet possible. Ils affectaient même vis à vis d'eux un ton de suffisance, qui parfois allait jusqu'à l'insulte. Voici comment Voltaire se plaint à d'Argental des acteurs qui jouaient sa *Sémiramis* :

« A l'égard des comédiens, Sarrasin m'a parlé avec beaucoup plus que de l'indécence, quand je l'ai prié, au nom du public, de mettre dans son jeu plus d'âme et de dignité. Il y en a quatre ou cinq qui me refusent le salut, pour les avoir fait paraître en qualité d'assistants. La Noue a déclamé contre la pièce beaucoup plus haut qu'il n'a déclamé son rôle. En un mot, je n'ai essuyé d'eux que de l'ingratitude et de l'insolence. Permettez, je vous en prie, que je ne sacrifie rien de mes droits pour des gens qui ne m'en sauraient aucun gré et qui en sont indignes de toute façon. »

Mais, à peine Voltaire avait-il mis à néant les divers obstacles qui altéraient la dignité des représentations de *Sémiramis*, à peine goûtait-il la joie d'un succès désormais complet et non contesté, que tout-à-coup l'annonce d'une parodie, que les Italiens se proposaient de jouer à Paris et à Fontainebleau, vint de nouveau le combler d'ennui et le rejeter dans la vie militante. Une parodie de *Sémiramis*, grand Dieu ! Voltaire ne perd pas de temps. Sa correspondance prend des ailes d'une vigueur et d'une vélocité jusqu'alors inconnues. A qui n'écrit-il pas ? « J'écris à M. d'Aiguillon, et j'offre une chandelle à M. de Maurepas. J'intéresse la piété de la duchesse de Villars, la bonté de madame de Luynes, la facilité bienfaisante du président Hénault. » A tous ces noms ajoutez celui de là reine, celui de madame de Pompadour, de M. d'Argental, du duc de Gèvres, du duc d'Aumont, de l'abbé de Chauvelin, du duc de Fleury, du lieutenant de police. La parodie de *Sémiramis !* n'est-ce pas une affaire d'intérêt public? Qui pourrait y rester indifférent ?

Voici d'abord la lettre de Voltaire à la reine :

« Madame, je me jette aux pieds de Votre Majesté ; vous n'assistez aux spectacles que par condescendance pour votre auguste rang, et c'est un sacrifice que votre vertu fait aux bienséances du monde. J'implore cette vertu même, et je la conjure, avec la plus vive douleur, de ne pas souffrir que ces spectacles soient déshonorés par une satire odieuse qu'on veut faire contre moi à Fontainebleau, sous vos yeux. La tragédie de *Sémiramis* est fondée d'un bout à l'autre sur la morale la plus pure, et par là, du moins, elle peut s'attendre à votre protection. Daignez considérer, madame, que je suis domestique du Roi, et par conséquent le vôtre. Mes camarades, les gentilshommes du Roi, dont plusieurs sont employés dans les cours étrangères et d'autres dans des places très-honorables, m'obligeront à me défaire de ma place si j'essuie devant eux et devant toute la famille royale un avilissement aussi cruel. Je conjure Votre Majesté, par la bonté et par la grandeur de son âme, et par sa piété, de ne pas me livrer ainsi à mes ennemis ouverts et cachés, qui, après m'avoir poursuivi par les calomnies les plus atroces, veulent me perdre par une flétrissure publique. Daignez envisager, madame, que ces parodies satiriques ont été défendues à Paris pendant plusieurs années. Faut-il qu'on les renouvelle pour moi seul sous les yeux de Votre Majesté ? Elle ne souffre pas la médisance dans son cabinet : l'autorisera-t-elle devant toute la cour ? Non, madame, votre cœur est trop juste pour ne pas se laisser toucher par mes prières et par ma douleur, et pour faire mourir de douleur et de honte un ancien serviteur, et le premier sur qui sont tombées vos bontés[1]. Un mot de votre bouche, madame, à M. le duc de Fleury et à M. de Maurepas, suffit pour empêcher un scandale dont les suites me perdraient. J'espère de votre humanité qu'elle sera touchée, et qu'après avoir peint la vertu, je serai protégé par elle. »

Marie Leczinska ne fut, au contraire, à ce qu'il paraît, que médiocrement touchée de toutes les raisons de Voltaire. Les monstruosités d'une parodie ne lui semblèrent pas suffisamment démontrées. L'auteur de *Sémiramis* reçut avis qu'il ne pouvait compter sur sa royale protection. Il en informa en ces termes son ami d'Argental :

---

[1] Voltaire tenait des bontés de la reine une pension de 1,500 livres.

« La reine m'a fait écrire par madame de Luynes que les parodies étaient d'usage et qu'on avait travesti Virgile. Je réponds que ce n'est pas un compatriote de Virgile qui a fait l'*Enéide travestie,* que les Romains en étaient incapables ; que si on avait récité une *Enéide* burlesque à Auguste et à Octavie, Virgile en aurait été indigné ; que cette sottise était réservée à notre nation, longtemps grossière et toujours frivole ; qu'on a trompé la reine quand on lui a dit que les parodies étaient encore d'usage ; qu'il y a cinq ans qu'elles sont défendues [1] ; que le Théâtre Français entre dans l'éducation de tous les princes d'Europe, et que Gilles et Pierrot ne sont pas faits pour former l'esprit des descendants de Saint-Louis.

» Au reste, si j'ai écrit une capucinade, c'est à une capucine. » Ces derniers mots peignent l'homme.

A défaut de la reine, Voltaire trouva dans la plupart de ses amis des champions zélés de sa cause. D'Argental, surtout, l'épousa avec chaleur. C'est lui qui, en l'absence de Voltaire, se charge de

---

[1] Voltaire, ayant été attaqué plusieurs fois par les comédiens italiens qui avaient pour spécialité la parodie, fit tant auprès des genstilshommes de la chambre, ses camarades, qu'il leur persuada d'interdire aux parodistes toutes les pièces émanant des auteurs de l'Opéra et du Théâtre-Français. Quand *Sémiramis* parut, cette défense était déjà observée depuis cinq ans.

toutes les démarches nécessaires pour lui faire rendre justice. Son premier soin est naturellement de mettre le lieutenant de police dans ses intérêts. Il lui écrit cette lettre intéressante :

A Paris, ce mercredi 27 septembre 1748.

« Je me suis présenté hier à votre porte, monsieur; je n'ai pas eu le bonheur de vous trouver, et, comme on m'a assuré que vous ne seriez pas visible aujourd'hui de toute la journée, et que l'affaire dont je voulais avoir l'honneur de vous parler peut presser, j'ai cru que vous ne trouveriez pas mauvais que j'eusse celui de vous écrire. M. de Voltaire, étant obligé de partir pour la Lorraine, m'a prié de veiller en son absence à tout ce qui pouvait concerner les intérêts de la tragédie qu'il donne actuellement au public. C'est une confiance de sa part à laquelle je ne saurais me dispenser de répondre. Il m'a dit que vous lui aviez témoigné tant de bontés, qu'il était persuadé que vous permettriez qu'on s'adressât à vous dans toutes les occasions où l'on aurait besoin de votre protection. Il s'en présente une des plus essentielles. Les comédiens italiens ont porté à la police une parodie de *Sémiramis*, qui est une satire des plus sanglantes. M. de Crébillon, ne voulant pas se charger de vous en parler, les a renvoyés à vous, monsieur.

12

Dans ces circonstances, permettez-moi de vous représenter que, depuis l'interdiction de l'Opéra-
Comique, les parodies ont été absolument pros-
crites, et qu'on a jugé qu'en ôtant un théâtre aussi
préjudiciable au bon goût, il ne fallait pas en laisser subsister le genre sur un autre. La défense des
parodies a été faite nommément aux Italiens. M. le
duc d'Aumont est celui des gentilshommes de la
chambre qui a le plus contribué à cet ordre. S'il
était à Paris, il est sûr qu'il vous prierait de tenir
la main à son exécution. Je crois même pouvoir
vous en parler en son nom, bien sûr qu'il ne me
désavouera pas. Si jamais l'application de la défense a dû avoir lieu, j'ose dire que c'est dans cette
occasion. *Sémiramis* est remplie d'un spectacle
beau, mais singulier, et par là susceptible d'être
ridiculisé. Il en est des ouvrages à peu près comme
des hommes, on leur passe plus aisément un vice
qu'un ridicule. Le public qui n'a que trop de pente
à voir les choses de ce côté, quand il a saisi la
plaisanterie, n'est plus capable de revenir au sérieux. Et, en vérité, il serait cruel que le succès
d'un bon ouvrage fût arrêté par une mauvaise
bouffonnerie; et qu'un auteur, qui fait autant
d'honneur à la nation et à la littérature, se trou-
vât, pour récompense, bafoué sur un théâtre,
tandis qu'il contribue autant à la fortune d'un
autre. Quoique j'aie très-peu l'honneur d'être

connu de vous, je vous parle avec confiance, puisque je représente des intérêts qui vous sont extrêmement chers; ce sont ceux de la littérature et des beaux-arts. J'y joins celui d'un homme à qui vous accordez une protection dont il est très-digne. Je ne fais que prévenir la mission dont M. d'Aumont m'aurait honoré auprès de vous. Tant de motifs ne peuvent manquer de vous toucher. Il ne me reste qu'à vous prier de me permettre de vous aller témoigner ma reconnaissance, et vous renouveler les as urances du sincère et respectueux attachement avec lequel j'ai l'honneur d'être, monsieur, etc. »

Réponse du lieutenant de police.

Paris, 27 septembre 1748.

« Au moment où j'ai ouvert ce matin votre lettre, je n'avais pas encore reçu, monsieur, la parodie de *Sémiramis*; ce n'est qu'à midi qu'elle m'a été remise par un de mes commis, à qui les comédiens italiens l'avaient laissée. Vous ne devez par douter, monsieur, que, dans cette occasion qui regarde M. de Voltaire, dont les talents méritent toutes sortes d'égards, je n'en agisse avec toute la circonspection possible. Aussi je ne ferai rien à cet égard sans en avoir rendu compte à M. de Maurepas; mais, ce qui dépend de moi et ce que je ferai certainement, c'est d'examiner avec la plus scrupuleuse attention cet ouvrage, quel qu'il soit, pour qu'au cas qu'on tolère une parodie, on y garde au moins les égards qui sont légitimement dus à M. de Voltaire. L'intérêt même que vous y prenez, monsieur, sera un nouveau motif pour ne rien laisser passer qui puisse blesser l'illustre auteur de *Sémiramis;* et, pour vous le prouver, il n'y aura rien de fait sur cela que je n'aie l'honneur d'en conférer avec vous, c'est tout ce que je puis en cette occasion, où je ne recevrais pas des ordres supérieurs pour empêcher la représentation de la pièce dont il est question. Je vous connais trop juste pour ne pas approuver mes raisons, et pour douter un instant de l'attachement sincère et respectueux avec lequel je suis, etc. »

Tout exquise de politesse et de bon vouloir que soit cette lettre du lieutenant de police à M. d'Argental, elle ne promet cependant pour l'affaire de Voltaire qu'un résultat problématique. Voltaire n'y tient pas; il faut qu'il écrive lui-même à M. Berrier. Et avec quelle énergie, quelle éloquence il fait valoir tout ce qui peut intéresser en sa faveur : honneur, fortune, famille, avenir; tout cela corroboré de considérations de bien public et de morale universelle!

A Commercy, le 20 octobre 1748.

« Monsieur,

» J'apprends la protection que vous donnez aux beaux-arts, et dont vous m'honorez. J'y suis beaucoup plus sensible que je ne suis indigné de ces misérables satires que des baladins d'Italie étaient en possession autrefois de débiter. Ils avilissaient et ils ruinaient par là le théâtre français, le seul théâtre de l'Europe estimable. Il y a environ cinq ans qu'on leur interdit cette liberté scandaleuse. Il serait assez triste qu'elle recommençât contre moi. Ce n'est pas, monsieur, que je ne méprise comme je le dois ces platitudes faites pour amuser la canaille et pour nourrir l'envie. Mais, les circonstances où je me trouve me forcent à regarder ces sottises d'un œil un peu plus sérieux. J'ai des confrères chez le Roi, qui regardent cet avilissement public comme un affront que je me suis attiré de gaîté de cœur, en travaillant encore pour le théâtre, et qui rejaillit sur eux. Je vous confie qu'ils pourront me donner tant de dégoûts, qu'ils m'obligeront à me défaire de ma charge. Les bontés dont vous m'honorez, monsieur, m'enhardissent à ne vous rien cacher, et je vous avouerai que je traite actuellement d'une charge honorable et que je n'aurai certainement pas, si je suis aussi avili aux yeux du

Roi, dont je suis le domestique et pour qui j'avais fait *Sémiramis*. Une de mes nièces est prête à se marier à un homme de condition, qui ne voudra pas d'un oncle vilipendé. Vous savez comment les hommes pensent, et quelles suites ont toutes les choses auxquelles on attache du mépris et du ridicule. Il est très-probable que cette niaiserie aurait un effet funeste pour ma fortune et pour ma famille. Vous m'avez tiré par vos bontés, monsieur, de ce cruel embarras, et je ne puis trop vous en remercier. Je vous supplie de continuer, et de représenter à M. de Maurepas le tort extrême que ce scandale peut me faire. Ce serait même un service éternel que vous rendriez aux beaux-arts, si vous abolissiez pour jamais cette coutume déshonorante pour la nation.

» Vous pensez bien que je fais, de mon côté, tout ce qu'il faut pour prévenir la scène impertinente qu'on veut donner à Fontainebleau. Mais, monsieur, je ne serai sûr du succès qu'en étant fortement appuyé et protégé par vous. Vous avez plus d'un moyen que votre prudence peut mettre en œuvre. Et j'ai tout lieu de croire que vous avez regardé cette affaire comme une des bienséances publiques que vous voulez maintenir. J'aurai, monsieur, une reconnaissance éternelle de la bonté particulière que vous avez bien voulu me témoigner dans cette occasion, où l'intérêt véritable du public se trouve joint aux miens. Je vous demande instamment la continuation d'une bienveillance dont je sens assurément tout le prix. »

Réponse du lieutenant de police.

Paris, le 24 octobre 1748.

« Je suis infiniment sensible, monsieur, à la lettre pleine de confiance que je reçois de vous, et je ne puis qu'être très-flatté que vous vouliez bien m'y exposer des circonstances qui sont aussi intéressantes pour votre famille, qu'elles vous sont réellement personnelles. Il est vrai que j'avais prévu avec zèle ce que je m'imaginais bien qui vous déplaisait, et c'est pour cela que je m'étais hâté d'en parler au ministre, mais puis-je répondre que ce n'est pas une suspension? Ma bonne volonté ne fait pas loi, mais au moins accordez-moi la justice de la tenir pour quelque chose, puisqu'elle est toute à votre service. Je reparlerai à Fontainebleau, où je compte aller dimanche, et, quand il serait vrai qu'on voulût se relâcher sur le fait des parodies, je représenterai que le théâtre vous doit trop, et même la patrie, pour que l'on commence par vous à se déranger des maximes qu'on s'était proposé de garder. Voilà ce que je vous offre, et qui est en ma disposition, et, si je n'ai pas le bonheur de réussir, n'en soyez pas moins persuadé de mon sincère attachement et de l'estime toute particulière que je vous ai vouée. C'est avec ces sentiments, qui sont dus à vos talents supérieurs et à la confiance que vous avez en moi, que je suis plus que personne du monde, monsieur, votre, etc. »

Ainsi donc, Voltaire était convaincu du peu d'autorité personnelle que M. Berrier pouvait ajouter à son bon vouloir dans l'affaire qu'il recommandait à ses soins, et de la nécessité par conséquent d'invoquer encore d'autres patrons. M. d'Aumont est un de ceux qui lui donnent le plus d'espoir. Il compte bien qu'il ne souffrira pas que les scandales qu'il a réprimés pendant six ans se renouvellent à son détriment. « O ange, écrit-il à d'Argental, je ne doute pas que M. le duc d'Aumont ne soit indigné qu'on vilipende un ouvrage que j'ai donné pour lui comme pour vous, que j'ai fait pour lui, pour le Roi et dans la sécurité d'être à l'abri de l'infâme parodie. Il faut qu'il combatte comme un lion et qu'il l'emporte. »

Cependant, une puissance plus grande et plus remuante que toutes celles que nous venons de voir en jeu, la puissance de madame de Pompadour travaillait auprès du roi en faveur de Voltaire. Madame de Pompadour réussit, et il fut arrêté que la parodie de *Sémiramis* ne serait point jouée à Fontainebleau, où la cour se trouvait alors. Voltaire écrit à cette occasion à M. d'Argental : « Madame de Pompadour a plus fait que la reine; elle me fait dire, mon cher et respectable ami, que l'infamie ne sera certainement point jouée. Je me flatte qu'étant défendue à la cour, elle ne sera pas permise à la ville, et que M. le duc d'Aumont insistera sur une suppression de cinq ou six années, après laquelle il serait bien odieux de renouveler un scandale qu'on a eu tant de peine à déraciner. »

Malgré cette confiance que la parodie ne sera point jouée à la ville, Voltaire n'en insiste pas moins auprès de M. Berrier. Ne pouvait-il pas arriver que les comédiens italiens ne tinssent aucun compte vis-à-vis du public de Paris d'une interdiction provoquée par et pour la maison du roi? Ici reparaît Crébillon; et à la manière dont en parle Voltaire, il paraîtrait que l'approbation donnée par le censeur à la parodie de *Sémiramis* n'était pas exempte d'une certaine intention malicieuse. Voici sa lettre à M. Berrier :

A Lunéville, ce 24 octobre 1748.

« Monsieur,

» J'ai autant de confiance en vous que de reconnaissance. Le Roi a été touché de mes représentations, et il n'a pas voulu qu'on déshonorât à Fontainebleau un ouvrage fait pour lui par un de ses officiers et honoré de ses bienfaits. Je me flatte qu'avec votre protection, cette défense s'étendra jusqu'à Paris. Il serait bien étrange qu'on voulût produire à la ville un scandale défendu à la cour. Mais, monsieur, si, contre toute apparence, il arrivait que mes ennemis prévalussent, si un malheureux conflit de juridiction dont on m'a parlé, servait à donner gain de cause aux comédiens italiens, je vous supplierais de vouloir bien m'en faire donner avis. Il me semble que quiconque est le maître de proscrire ou de permettre ces scandales, pourra se laisser toucher par mes prières et par mes raisons, sans que je sois obligé d'importuner encore le Roi et de le faire expliquer. Je me repose de tout, monsieur, sur votre protection et sur votre prudence. Je vous ai ouvert mon cœur sur les suites que cette affaire peut avoir pour moi, et je vous renouvelle les plus vives instances.

» J'ajouterai que M. Crébillon aurait pu prévenir tous ces embarras, en ne donnant pas son approbation à la parodie. Je sais bien qu'il y a dans cet ouvrage des personnalités odieuses, assez déguisées à la vérité, pour que l'examinateur puisse les passer sans se commettre, mais assez intelligibles pour que la malignité, qui a l'oreille fine, en fasse son profit. Il pourrait, étant mon confrère et ayant malheureusement fait une tragédie de *Sémiramis*, qui n'a pas réussi, se dispenser d'approuver une satire contre la mienne; mais les mêmes raisons qui devaient le retenir l'ont fait agir.

» Personne au monde n'est plus capable que vous, monsieur, d'apaiser tout cela, soit en conseillant aux Italiens de ne pas hasarder cet ouvrage, soit en différant l'examen nouveau que vous en pourriez faire, soit en cherchant à vous instruire des volontés du Roi, soit enfin en représentant à M. de Maurepas ce que les conjonctures vous permettront de lui dire. Je vous demande pardon de vous importuner pour une chose qui est, en elle-même, bien frivole, mais qui, par la situation où je suis, m'est devenue très-essentielle. J'attends tout de vous et je serai toute ma vie, monsieur, avec la reconnaissance la plus respectueuse, etc. »

En même temps que Voltaire travaillait si activement à empêcher la représentation de la *parodie* de *Sémiramis,* il mettait la dernière main au panégyrique de Louis XV, et veillait à le faire traduire en quatre langues, en anglais, en italien, en latin et en espagnol. Ce panégyrique devait être présenté par lui au Roi, le jour où l'Académie irait le complimenter. Il l'envoie au lieutenant de police et saisit cette occasion pour lui recommander encore l'affaire de la *parodie*.

« J'ai l'honneur, monsieur, de vous faire hommage de la seule édition du panégyrique du Roi, dont j'ai été content pour la fidélité et l'exactitude. Je me flatte que vous recevrez avec bonté, ce tribut d'un bon citoyen attaché à son maître et à sa patrie.

» Permettez que je vous renouvelle mes prières au sujet de la *parodie* de *Sémiramis,* que les Italiens ont eu ordre de supprimer à la cour et qu'ils veulent toujours jouer à Paris, malgré l'abolition de cet abus faite depuis cinq ans. J'aurai seulement l'honneur de vous représenter ici que dans le temps que cet abus était souffert, on ne permettait ces farces qu'après que le premier cours des représentations des tragédies nouvelles était entièrement expiré et que ces tragédies ne se jouaient plus.

» S'il faut donc, monsieur, que les comédiens italiens persistent dans leur opiniâtreté à faire jouer leur *parodie,* je demande seulement, dans les circonstances présentes, qu'on se règle suivant l'ancienne méthode, très-sagement établie pour ne pas ruiner les comédiens français, c'est-à-dire qu'on attende l'expiration du cours des premières représentations de *Sémiramis,* interrompu par le voyage de Fontainebleau, et qui va se reprendre dans quelques semaines. Je compte être à Paris dans ce temps-là et vous y remercier de vos bontés. »

Voltaire eut, en effet, à remercier M. Berrier. Le succès fut complet. La *parodie* de *Sémiramis* ne monta point sur la scène. Par compensation, l'auteur qui s'appelait Montigny la fit imprimer l'année suivante à Amsterdam. Cette *parodie* forme un petit in-8° de trente pages. Elle porte en titre : *Sémiramis, tragédie en cinq actes.* Les personnages qui y figurent sont : *Sémiramis,* l'*Exposition,* le *Dénouement,* l'*Intérêt,* la *Pitié,* la *Cabale,* le *Remords,* la *Décoration,* l'*Ombre du grand Corneille, Plusieurs beautés, Troupe de défauts.* Tissu de fines plaisanteries, d'amères critiques, de grossiers lazzis, d'allusions parfois délicates, mais le plus souvent pleines de trivialité et de mauvais goût. Telle était la *parodie* à cette époque.

A peine sorti des embarras que lui avait causés *Sémiramis,* Voltaire, ayant refait sous le nom d'*Oreste,* l'*Électre* de Crébillon, tombe dans de nouvelles inquiétudes. Que va penser Crébillon de la hardiesse du poète ? Comment traitera-t-il une pièce dont la prétention évidente est d'appeler l'oubli sur une des œuvres qu'il a caressées, qu'il caresse encore avec le plus d'amour ? Voilà les questions que se pose

Voltaire ; et certes, il n'ose pas trop y répondre. Il s'adresse donc, comme toujours, au lieutenant de police. Plus encore que *Sémiramis, Oreste* a besoin auprès du censeur Crébillon d'une haute protection. La lettre que Voltaire adresse, dans cette circonstance, à M. Berrier, renferme quelques mots sur le *Testament de Richelieu,* dont l'intérêt sera compris de tous ceux qui ont lu dans les œuvres de Voltaire, ce qu'il a écrit sur cette question.

Paris, 6 janvier 1750, ce mardi,
rue Traversière.

« MONSIEUR,

« Si vous vous êtes amusé à lire mon factum pour le cardinal de Richelieu contre ceux qui lui imputent un très-mauvais ouvrage, je vous supplie de me le renvoyer. J'ai encore de très-fortes raisons à y ajouter, et j'ai surtout à faire voir ce que c'est que le manuscrit qui est à la Sorbonne depuis l'an 1664. C'est assurément une nouvelle preuve de l'imposture et qui sert à découvrir le nom de l'imposteur. M. le maréchal de Richelieu vint chez moi avant-hier et ne trouve point du tout mauvais que je détrompe le public.

» J'ai une autre affaire, monsieur, dans laquelle je vous demande, si vous le permettez, vos conseils et votre protection. Je vous avais bien dit que les muses me ramèneraient encore à votre tribunal. J'ai fait la tragédie d'*Oreste*; c'est le même sujet que l'*Électre* de M. Crébillon. J'avais envie de vous prier de remettre l'approbation de la pièce à M. le président Hénault et d'en parler à M. d'Argenson, afin d'éviter les aventures auxquelles cette vieille mégère de Villeneuve et ses chiens exposent les manuscrits.

« Mais je ne sais s'il ne sera pas mieux de toutes façons que j'aille moi-même de votre part chez M. Crébillon. C'est au bout du compte mon confrère et mon ancien. Les démarches honnêtes sont toujours nobles. Je lui dirai qu'en travaillant sur le même sujet, je n'ai pas prétendu l'égaler, que je lui rends justice dans un discours que je ferai prononcer avant la représentation, et que j'ose compter sur son amitié. Ce procédé et un petit billet de vous, que j'ose vous demander pour le lui rendre, doivent le désarmer. Il n'est guère possible qu'il ne fasse son devoir de bonne grâce. Le grand point est qu'il ne garde pas longtemps le manuscrit. C'est à quoi vos intentions l'engageront quand votre billet les lui aura apprises. Je vous apporterai les deux exemplaires signés de sa main. Je vous supplie, monsieur, de vouloir bien m'honorer de vos ordres aussi promptement que vos grandes occupations pourront vous le permettre. J'ai l'honneur d'être, etc.

Voltaire eut du lieutenant de police le billet qu'il désirait. « Je vous envoie, monsieur, lui écrit M. Berrier, comme vous le souhaitez, une lettre pour M. Crébillon, pour l'engager à accélérer son examen de la tragédie d'*Oreste*. Lorsque vous aurez sa signature, vous me ferez plaisir de me communiquer les deux doubles comme vous me l'avez promis. »

La représentation d'*Oreste* ne se fit pas attendre. Crébillon ne garda la pièce que trois ou quatre jours. En la renvoyant approuvée à Voltaire, il lui écrivit ces mots à la fois pleins de fierté, de mesure et de délicatesse : « J'ai été content de mon *Électre*; je souhaite que le frère vous fasse autant d'honneur que la sœur m'en a fait. »

ESSAI

SUR LA

BIBLIOTHÈQUE DE VOLTAIRE

CONSERVÉE AU PALAIS DE L'ERMITAGE

A SAINT-PÉTERSBOURG.

ESSAI

SUR LA

BIBLIOTHÈQUE DE VOLTAIRE

CONSERVÉE AU PALAIS DE L'ERMITAGE

A SAINT-PÉTERSBOURG.

On connaît l'estime particulière que l'impératrice Catherine II faisait de Voltaire, les présents et les hommages dont elle le combla, la correspondance flatteuse qu'elle entretint avec lui. Cet enthousiasme le suivit jusqu'après sa mort. Catherine acheta sa bibliothèque [1]; et, si l'on en croit certains mémoires, elle décréta qu'un château, en tout pareil à celui de Ferney, serait construit dans son parc de Tzarskoe-Celo ; que dans ce château on élèverait un

---

[1] Catherine avait déjà acheté la bibliothèque de Diderot, qu'un besoin d'argent avait forcé de s'en défaire ; mais, par une délicatesse digne d'une souveraine, elle lui en laissa l'usage jusqu'à sa mort. Cette bibliothèque n'offre rien de remarquable.

musée où tous les livres de Voltaire seraient rangés dans le même ordre qu'à Ferney, et qu'au milieu de ce musée on dresserait la statue du grand homme.

M. Grimm, ministre plénipotentiaire du duc de Saxe-Gotha, fut chargé par l'impératrice de faire l'acquisition de la bibliothèque de Voltaire. A cette occasion, elle écrivit de sa propre main à madame Denis une lettre assez connue, qu'il me paraît utile de citer ici :

« Je viens d'apprendre, madame, que vous consentez à remettre entre mes mains ce dépôt précieux que M. votre oncle vous a laissé, cette bibliothèque que les âmes sensibles ne verront jamais sans se souvenir que ce grand homme sut inspirer aux humains cette bienveillance universelle que tous ses écrits, même ceux de pur agrément, respirent, parce que son âme en était profondément pénétrée. Personne avant lui n'écrivit comme lui ; il servira d'exemple et d'écueil à la race future. Il faudrait unir le génie et la philosophie aux connaissances et à l'agrément ; en un mot, être M. de Voltaire pour l'égaler. Si j'ai partagé avec toute l'Europe vos regrets, madame, sur la perte de cet homme incomparable, vous vous êtes mise en droit de participer à la reconnaissance que je dois à ses écrits. Je suis sans doute très-sensible à l'estime et à la confiance que vous me marquez; il m'est bien flatteur de voir qu'elles sont héréditaires dans votre famille. La noblesse de vos procédés vous est caution de mes sentiments à votre égard.

» J'ai chargé M. Grimm de vous en remettre quelques faibles témoignages dont je vous prie de faire usage.

» Signé CATHERINE. »

Cette lettre est datée du 15 octobre 1778, et porte en suscription : *Pour madame Denis, nièce d'un grand homme qui m'aimait beaucoup.*

La bibliothèque de Voltaire se compose d'environ 7,500 volumes, ouvrages de philosophie, d'histoire, de littérature; elle n'offre par elle-même d'autre intérêt spécial que celui d'avoir été la propriété d'un grand homme. Plusieurs volumes, il est vrai, sont couverts de notes marginales autographes; mais la plupart de ces notes sont ou trop insignifiantes, ou trop indignes, pour qu'il vaille la peine de les relever. Ce qui est vraiment intéressant dans la bibliothèque de Voltaire, ce sont les manuscrits qui en font partie. Je vais tâcher d'en rendre un compte exact et détaillé.

Ces manuscrits se divisent en deux catégories : la première comprend les pièces relatives à l'histoire de la Russie sous Pierre-le-Grand; la seconde, un grand nombre d'ouvrages et de sujets de composition publiés ou inédits.

Les manuscrits de la première catégorie sont renfermés dans cinq portefeuilles reliés en veau, dont deux in-folio et trois in-quarto; ceux de la seconde ne forment pas moins de treize portefeuilles, reliés en maroquin rouge, dont trois in-folio et dix in-quarto.

J'analyserai successivement chaque catégorie.

Dans sa préface historique et critique de l'histoire de Russie sous Pierre-le-Grand, Voltaire professe des principes dignes de tout éloge : « Jamais, dit-il, l'histoire n'eut plus besoin de preuves authentiques que de nos jours, où l'on trafique si insolemment du mensonge. L'auteur qui donne au public l'histoire de l'empire de Russie sous Pierre-le-Grand est le même qui écrivit, il y a trente ans, l'histoire de Charles XII sur les mémoires de plusieurs personnes publiques qui avaient longtemps vécu auprès de ce monarque. La présente histoire est une confirmation et un supplément de la première. »

Ainsi, Voltaire demanda à la Russie tous les documents nécessaires. On les lui prodigua, et il n'eut qu'à puiser à pleines mains au milieu de richesses de toute espèce. « M. le comte Schouvaloff, chambellan de l'impératrice Élisabeth, dit-il à ce sujet, l'homme peut-être le plus instruit de l'empire, voulut en 1759 communiquer à l'historien de Pierre les documents authentiques nécessaires, et on n'a écrit que d'après eux. »

Cette déclaration de Voltaire, *on n'a écrit que d'après eux,* semble d'un heureux présage pour la critique; mais elle ne saurait en imposer lorsqu'on connaît tous les matériaux que l'auteur a eus à sa disposition. Sans doute, Voltaire a usé de ces matériaux; mais en a-t-il tiré tout le parti qu'il devait? Je puis affirmer le contraire. Son Histoire de Pierre-le-Grand est une esquisse brillante, rapide; avec un peu plus de bonne volonté et de travail, il eût pu en faire un monument solide, une source abondante d'instruction. Voltaire a trop effleuré les questions spéciales. Entraîné par le mouvement des batailles et des victoires du Tzar moscovite, il s'est plu à revêtir son héros de toutes les qualités du guerrier, et ne s'est pas assez arrêté à étudier en lui le génie de l'administrateur. Quoi qu'il en soit, le livre de Voltaire sera toujours pour lui un titre honorable; on y sent la main du maître : et voilà pourquoi il m'a paru vraiment curieux d'étudier ce livre dans ses éléments originels, d'en suivre en quelque sorte l'histoire secrète.

Le premier portefeuille des manuscrits relatifs à l'histoire de Russie sous Pierre-le-Grand, renferme :

1° Un extrait du journal de Pierre-le-Grand, contenant les faits et gestes de ce souverain, depuis 1701 jusqu'à l'an 1721.

Ce journal, dont l'original est en russe, n'avait pas encore, du temps de Voltaire, été communiqué à l'Europe. Depuis, il a été traduit en français par Formey, et publié par le prince Michel Scherbatoff, à Berlin (1773, in-4°), à Stockolm (1774, in-8°), et à Londres (1773, in-8°). Il a été également traduit en allemand et imprimé à Berlin et à Leipsick (1773, in-8°).

Le journal de Pierre-le-Grand commence à l'année 1698, et finit à la paix de Nystadt.

Il ne faut pas confondre ce journal avec un autre ouvrage analogue, publié à Moscou en 1788, sous ce titre : *Les Actes de Pierre-le-Grand, sage réformateur de la Russie, recueillis d'après des documents authentiques et disposés par ordre chronologique*, par J. Golikoff [1].

Cet ouvrage, écrit en russe, n'a pas encore été traduit. Il forme douze volumes in-8°; c'est la

---

[1] Golikoff ayant été gracié d'une condamnation qui le retenait en prison, par l'impératrice Catherine II, le jour de l'inauguration de la statue de Pierre-le-Grand sur la place du Palais-d'Hiver, se prosterna devant cette statue, et jura de consacrer toute sa vie à la gloire de celui qu'elle représentait. C'est à ce serment que l'on doit l'ouvrage dont je viens de citer le titre.

meilleure source à laquelle on puisse recourir pour
l'histoire de Pierre-le-Grand.

2° Deux mémoires sur les affaires de Perse, après
la conclusion de la paix avec la Suède ;

3° Une suite d'anecdotes curieuses sur les négociations entre les cours de Russie et d'Espagne,
depuis 1718, jusqu'à 1727 ;

4° Un abrégé chronologique, revu et augmenté,
des évènements les plus remarquables du règne de
Pierre-le-Grand ;

5° Un récit de la maladie et de la mort de
Pierre Ier, où l'on s'attache à prouver qu'il est
mort d'un mal honteux, aggravé par l'usage de
l'eau-de-vie, et non des suites d'un poison que lui
aurait administré sa femme Catherine Ire, ainsi que
quelques-uns l'ont prétendu.

Après ces documents, dont l'étude est d'un véritable intérêt, viennent les questions et objections
que Voltaire envoyait en Russie au fur et à mesure
qu'il composait son livre, et les réponses à ces
mêmes questions et objections, puis une série de
remarques et d'observations sur l'histoire de Pierre-
le-Grand, que le comte de Schouvaloff, sans doute,
et d'autres Russes, faisaient tenir à son auteur,
afin qu'il en fît son profit pour les éditions à venir.
Ces remarques et observations sont excessivement
minutieuses : elles prennent l'ouvrage de Voltaire,
non-seulement chapitre par chapitre, mais, encore,

page par page, et en quelque sorte ligne par ligne, relevant tantôt un jugement hasardé, tantôt une assertion inexacte, souvent de simples fautes typographiques. En examinant la dernière édition qui ait été publiée de l'Histoire de Pierre-le-Grand, on se convainc facilement que Voltaire n'a tenu aucun compte de cette critique. C'est un tort, car son livre y eût beaucoup gagné; mais Voltaire avait sans doute bien d'autres soucis.

Il ne sera peut-être pas hors de propos de parcourir ici quelques-unes des questions dont Voltaire se préoccupait plus activement, et sur lesquelles il demandait des éclaircissements à Saint-Pétersbourg. Je m'y détermine d'autant plus volontiers, qu'outre l'intérêt particulier qui les rattache à ce sujet, ces questions ont encore un intérêt général qui doit leur mériter toute considération :

1° « *Veliki knès,* demande Voltaire, signifie-t-il originairement *duc?* Ce mot *duc,* aux Xe et XIe siècles, était absolument ignoré dans tout le Nord. *Knès* ne signifie-t-il pas *seigneur?* Ne répond-il pas originairement au mot *baron?* N'appelait-on pas *knès* un possesseur d'une terre considérable? Ne signifie-t-il pas chef, comme *mirza* ou *kan* le signifient? Les noms de dignités ne se rapportent pas également les uns aux autres dans aucune langue. »

Réponse :

« Le mot *knès* est slavon, et signifie précisément

ce que dans les autres langues de l'Europe on appelle prince : ainsi, *veliki knès* veut dire grand prince. L'usage ayant introduit le mot *duc* pour distinguer les princes régnants des autres qui ne le sont pas, les étrangers, au lieu de dire grands princes en parlant des souverains de Russie, les ont appelés grands-ducs. Le titre de *knès* est employé partout où l'on dit en français *prince,* et en allemand *fürst. Seigneur* s'exprime en russe par *hosoudar*. Il n'y a chez les Russes aucun titre de naissance qui soit équivalent à celui de *baron*. Avant la création des comtes et des barons faite par Pierre-le-Grand, on ne connaissait d'autres titres que ceux de *knès* et de *dworenin* ou gentilhomme. »

2° « Si du temps de ce Cosaque qui selon le baron de Strahlemberg découvrit et conquit la Sibérie avec six cents hommes, les chefs des Sibériens s'appelaient Tsar, comment ce titre peut-il venir de Cœsar ? Est-il probable qu'on se fût modelé en Sibérie sur l'Empire romain ? »

« Le chef des Sibériens dont le Cosaque Jermack Timodajeff conquit le pays, n'avait d'autre titre que celui de Khan. Ce sont les Russes qui dans leur langue l'appelaient Tsar, titre qu'ils donnaient à tous les princes de l'Asie qui possédaient des États indépendants. Si le mot de Tsar n'est pas originairement slavon, il y a la plus grande probabilité qu'il nous est venu des Grecs, dans le temps que la Russie embrassa le christianisme ou peut-être encore avant. Les Russes ne donnaient d'autre nom aux empereurs grecs que celui de Tsar, et la ville de Constantinople porte jusqu'à présent le nom de Tsargorod ou ville du Tsar. Le mot de Cœsar a pu être facilement mutilé et changé en Tsar, en rejetant la diphthongue œ. Les lettres C et K dans les mots étrangers se changent ordinairement en russe dans une lettre appelée *tsi* qui se se prononce comme *ts*. Dans la bible comme dans plusieurs prières traduites en langue slavonne à la fin du XIe siècle on rencontre le mot de Tsar, partout où dans les autres se trouve celui des rois David, Salomon ; quelquefois même les empereurs russes ne sont appelés que Tsars. Les Tartares ainsi que leur nom étaient encore inconnus aux Russes avant l'irruption que ces premiers firent en 1237. Tout cela prouve clairement que le mot de Tsar ne peut pas avoir une origine tartare. »

3° « Je suis fort surpris d'apprendre qu'il était permis de sortir de Russie, et que c'était uniquement par préjugé qu'on ne voyageait pas. Mais un vassal pouvait-il sortir sans la permission de son boyard, un boyard pouvait-il s'absenter sans la permission du czar ? »

Réponse :

« Il n'y a aucune loi écrite qui défende absolument aux Russes de sortir du pays ; mais, toutes les fois que quelqu'un voulait sortir pour commercer ou pour s'instruire en voyageant, il était obligé de demander la permission et un passe-port, sans quoi il était arrêté sur les frontières, ce qui se pratique encore à présent sans distinction de condition. »

4° « Je voudrais savoir quel nom on donnait à l'assemblée des boyards qui élut Michel Féodorovitsch. J'ai nommé cette assemblée sénat, en attendant que je sache quelle était sa vraie dénomination. Pourrait-on l'appeler diète, convocation ; enfin était-elle conforme ou contraire aux lois?

5° « Quand une fois la coutume s'introduisit de tenir la bride du cheval patriarcal, cette coutume ne devint-elle pas une obligation ainsi que l'usage de baiser la pantoufle du pape? Et tout usage dans l'Église ne se tourne-t-il pas bientôt en devoir?

Réponses :

« On ne saurait autrement la nommer que *convocation,* parce que, non-seulement les boyards, mais aussi toute la noblesse et toutes les villes, étaient invités à y assister par leurs députés. Comme ce cas venait d'arriver pour la première fois depuis Rurik, premier grand-duc de Russie, il n'y avait aucune loi à laquelle cette convocation pût déroger ou se conformer, et qui en prescrivît la forme.

» Les tzars ne l'ont jamais fait par aucun autre

motif que par celui de dévotion, et comme une pure cérémonie d'Eglise. Quoiqu'on ne trouve pas. dans les histoires et annales de Russie que les grands-ducs aient fait avant les patriarches la même cérémonie vis-à-vis des métropolitains ou autres chefs du clergé qui officiaient le jour de cette procession, il est très-probable qu'elle s'est pratiquée de la même façon; et comme les Russes ont reçu de l'Église grecque tous leurs rites et cérémonies, il ne serait peut-être pas hors de propos de rechercher si les empereurs grecs n'ont pas fait la même chose. »

6° « La question la plus importante, est de savoir s'il ne faudrait pas glisser légèrement sur les évènements qui précèdent le règne de Pierre-le-Grand, afin de ne pas épuiser l'attention du lecteur, qui est impatient de voir ce que le grand homme a fait. »

Réponse :

« M. de Voltaire est le maître de faire tout ce qu'il jugera à propos. Mais les remarques et les mémoires séparés qu'on lui a envoyés serviront beaucoup à rectifier les erreurs dans lesquelles sont tombés les auteurs étrangers, trop peu instruits, et n'ayant fait que se copier l'un l'autre. Tout ce qui précède le temps où Pierre a commencé à régner doit être intéressant et nouveau pour les lecteurs, surtout l'histoire de ces différentes révoltes des Strélitz, traduite d'un manuscrit composé par le fils du malheureux boyard Malfeyeff, massacré à l'occasion de la première révolte. Comme entre ces mémoires il y en a plusieurs dont les détails ne conviennent pas au plan de l'ouvrage de M. de Voltaire, on suppose qu'il n'en fera d'autre usage que celui d'en tirer la quintessence et ce qui est plus intéressant : tels sont les différents états des troupes, des revenus, etc. »

Ceux qui ont lu l'histoire de Pierre-le-Grand ont pu se convaincre par eux-mêmes du peu de déférence que Voltaire a eu pour les réflexions qui précèdent. Voici un autre article dont il a encore moins tenu compte.

« On suivra exactement, dit-il, les mémoires envoyés. A l'égard de l'orthographe, on demande la permission de se conformer à l'usage de la langue dans laquelle on écrit, de ne point écrire *Moskwa,* mais *Mosca,* d'écrire *Véronise, Moscou, Alexiovis,* etc. On mettra au bas des pages les noms propres tels qu'on les prononce dans la langue russe. »

Singulier système que celui que professe ici notre historien! On lui répond avec raison :

« Les auteurs étrangers, faute de connaissance de la langue russe, ont tellement estropié les noms, qu'un Russe même aurait toute la peine du monde à les deviner. C'est pourquoi M. de Voltaire est prié de faire observer scrupuleusement l'orthographe des

noms russes, telle qu'elle se trouve dans les mémoires et les remarques qu'on lui a envoyés, et de
mettre au bas des pages les noms mutilés, tels qu'ils
se trouvent dans les auteurs étrangers. Pour plus
d'exactitude, on enverra à M. de Voltaire une liste
alphabétique, correctement écrite, de tous les noms
propres qui pourraient entrer dans le corps de cet
ouvrage. La rivière qui traverse la ville de Moscou
s'appelle et se prononce *Moskwa,* et non *Mosca;* de
même on ne dit point *Véronise,* mais *Voronech,*
Alexiewitsch et non pas *Alexiovis.* Cette exactitude
de l'orthographe ne laissera pas d'ajouter un nouveau degré d'authenticité à l'ouvrage même. »

A propos de l'histoire de Pierre-le-Grand, Wil-
liam Coxe fait des réflexions qu'il m'a paru utile de
citer : « Cet ouvrage, dit-il, a été regardé presque
partout comme méritant une confiance d'autant
plus grande que l'auteur, dans la préface, prétend
ne l'avoir écrit que sur des autorités incontestables
et sur des documents que la cour de Saint-Pétersbourg elle-même lui avait fait parvenir. — Mais,
les Russes instruits affirment que ce n'est qu'une
production très-imparfaite et très-inexacte, et un
panégyrique plutôt qu'une histoire; qu'un grand
nombre de faits importants y sont omis ou mal
présentés, et que l'auteur n'ayant écrit que pour
faire sa cour à l'impératrice Elisabeth qui l'avait
engagé à ce travail par des présents considérables,

il a dissimulé avec soin tout ce qui pouvait être dés-
avantageux à Pierre et à Catherine. Son génie ne
brille même pas beaucoup dans cette production ;
il n'y a pas plus de feu que de vérité dans le portrait de Pierre Ier, et de tous les ouvrages historiques
c'est le moins intéressant et le plus inexact. — Il
ne se servit même pas de la plupart des mémoires
qu'on lui envoya de Russie [1].

« Tout le monde est d'accord, dit d'un autre côté
le savant Müller que l'histoire de Pierre-le-Grand
de Voltaire n'a point rempli l'attente qu'on en
avait avant qu'elle parût au jour. On s'en aperçut
même avant la publication par les échantillons que
l'auteur envoyait à Saint-Pétersbourg en manuscrit.
Je fus prié de faire là dessus des remarques. Je le
fis ; mais, M. de Voltaire n'eut pas la patience d'en
profiter, tant il se hâta de faire imprimer le premier tome. Après la publication, je continuai mes
remarques. Tout cela fut envoyé à l'auteur. C'est
à l'aide de ces remarques que M. de Voltaire dans la
préface du second tome, vient de corriger quelques
légères fautes qu'il avait commises dans le premier.
Il en a excusé d'autres. Il m'a payé de duretés. Il a
pris garde surtout de ne point toucher à des faits
qui le faisaient rougir. Voilà ce que c'est qu'un auteur qui ne veut point avoir tort [2]. »

[1] Voyage en Pologne, Russie, etc. Tome IIIe, 1786.
[2] Busching, Magasin pittoresque. Tome XVIe.

Le deuxième portefeuille des manuscrits relatifs à l'histoire de Pierre-le-Grand contient encore :

1° Une anecdote singulière touchant le sieur de
Villebois, breton d'origine, chef d'escadre dans la
marine russe, grand buveur, mais bon et fidèle
serviteur, et pour cela très-aimé de Pierre-le-Grand.
Ayant été envoyé un jour, après une orgie, auprès
de la Tzarine pour y remplir un message, il la
trouva encore au lit et la traita outrageusement, ce
que Pierre ayant appris, il excusa le crime en faveur
de l'ivresse de l'un et de la surprise de l'autre.
Villebois n'eut qu'une légère peine à subir, pour
l'exemple ; après quoi il rentra au service de l'empereur ; et jouit de toutes ses bonnes grâces comme
auparavant : ce trait est caractéristique ;

2° Deux anecdotes, dont l'une sur la maladie et
la mort de Pierre Ier, et l'autre sur la célébration
de ce conclave burlesque si connu qu'il institua
pour se moquer de l'Église romaine et rabaisser
l'autorité du patriarche grec ;

3° L'histoire de la révolte et de la destruction des
Strélitz ;

4° Plusieurs lettres de Pierre Ier au grand amiral
comte Apraxin, et à Schafiroff, concernant l'affaire
du Pruth et la reddition d'Asoff en 1711 ;

5° L'ordonnance de Pierre-le-Grand touchant l'é-
tablissement d'un sénat en 1711, avant la campa-

gne du Pruth, pour diriger les affaires de l'empire pendant son absence.

Cette ordonnance est trop curieuse pour que nous ne la citions pas ici :

« Nous, Pierre Ier, par la grâce de Dieu, etc., faisons savoir à toutes les personnes tant ecclésiastiques que militaires, civiles et d'autres états, que la guerre que nous avons à soutenir nous obligeant de nous absenter continuellement de notre empire, nous avons établi un sénat dirigeant, aux ordres duquel nous enjoignons à chacun de nos sujets d'obéir sous les peines les plus rigoureuses, et même sous celle de mort, suivant la nature du délit; et si ce sénat, malgré le serment qu'il vient de faire devant Dieu, se porte à quelques actions d'injustice et que quelqu'un en ait connaissance, nous lui ordonnons de se tenir dans le silence jusqu'à notre retour, pour ne point troubler et empêcher le cours des autres affaires, et alors il pourra nous porter ses plaintes; mais nous l'avertissons de prendre les informations les plus exactes et les plus précises, parce que cette affaire sera jugée devant nous et que les coupables seront sévèrement punis. »

6° Plusieurs lettres et documents sur le congrès d'Aland en 1718 et 1719, où il fut traité de la paix entre la Suède et la Russie;

7° Une anecdote sur Mazeppa, tirée du mémoire

justificatif de son secrétaire Orlik, adressé au métropolitain de Riazan en 1721 ;

8° Une série de mémoires sur le commerce de la Russie, sa marine, sa police, ses lois, l'état de son Église et de son clergé ;

9° La copie du traité d'alliance et de commerce conclu entre Pierre Ier et Louis XV ;

10° La description de la cérémonie du couronnement de Pierre II, le 25 février 1728 ;

11° La description de la chambre funèbre où fut déposé le corps de Pierre-le-Grand après sa mort ;

12° L'état des titres que prend l'empereur de Russie avec les princes étrangers et avec ses sujets ;

13° Une foule de pièces historiques et critiques sur les Kosacs, les Lapons, les Samoïèdes, les habitants du Kamtchatka et autres peuples faisant partie de l'empire de Russie ;

14° Enfin, plusieurs tableaux généalogiques, historiques et géographiques, pouvant servir à l'histoire de la Russie et de ses souverains.

Je crois superflu d'ajouter à cette liste ou analyse celle des trois portefeuilles in-4° qui se trouvent encore dans la première catégorie des manuscrits de Voltaire. Presque tous les documents qu'ils renferment sur l'histoire de Pierre-le-Grand peuvent se ranger sous les mêmes titres que les précédents, dont il ne font que développer les données.

Cependant, avant d'en finir avec cette catégorie, je ne puis m'empêcher de signaler encore un de ses articles intitulé : *Particularités sur lesquelles M. de Voltaire souhaite d'être instruit.* Une question, entr'autres, m'a paru digne d'être citée :

« Est-il vrai, demande Voltaire, que l'impératrice Catherine, étant rebaptisée dans le rit de l'Église grecque, fût obligée de dire : Je crache sur mon père et sur ma mère, qui m'ont élevée dans une religion fausse? »

Réponse :

« On ne rebaptise pas les personnes qui, d'une autre religion chrétienne, passent à la religion grecque. Cette cérémonie ne se pratique qu'avec les juifs, mahométans et idolâtres : aux chrétiens, on ne donne que l'onction. Il est vrai qu'ils crachent, mais ce n'est pas sur leur père et leur mère ; c'est seulement pour marquer qu'ils reconnaissent comme fausses les opinions dans lesquelles ils ont été élevés. Toutes ces cérémonies sont décrites dans les livres qui traitent de l'Eglise grecque et russienne, et n'appartiennent guère à l'histoire. »

Quant aux documents qui ont servi à l'histoire de Charles XII, la bibliothèque de Voltaire ne m'en a offert aucun. C'est là un fait regrettable. Il eût été curieux, assurément, d'étudier dans sa source ce chef-d'œuvre de notre littérature. Voltaire, il est vrai, déclare dans la préface de la première édition,

qu'il a composé son ouvrage d'après des récits de
personnes connues qui ont passé plusieurs années
auprès de Charles XII et de Pierre-le-Grand, et
qu'il n'y a pas avancé un seul fait sur lequel il
n'ait consulté des témoins oculaires et irréprocha-
ble. Mais, comme à propos de l'histoire de Pierre-
le-Grand, Voltaire fait une déclaration absolument
semblable on a quelque raison, ce semble, de ne
pas y ajouter une foi aveugle. D'un autre côté
sa lettre à la fois aigre et hautaine à M. Norberg,
chapelain de Charles XII et auteur, lui aussi, d'une
histoire de ce prince, n'est pas de nature à imposer
silence à la critique. Je citerai ici quelques observations de Mallet.

« Pendant mon séjour en Norvège, et en particulier à Fréderikshall, je relus en partie l'histoire de
Charles XII par Voltaire que j'avais avec moi, et que
la mort de ce prince me rappelait. J'applaudis à la
rapidité, à la facilité, à l'élégance de sa narration,
et j'aurais été disposé à passer à ce grand écrivain
ses inexactitudes ordinaires, si je l'avais trouvé
moins impitoyable pour celles des autres. Ce pauvre
chapelain Norberg me faisait une sorte de pitié.
Avec quel acharnement il le poursuit et pourquoi?
parce qu'il avait relevé quelques erreurs dans les
premières éditions de son histoire, parce qu'il avait
souvent raison contre lui et parce qu'il était chapelain. Mais, quand on veut avoir le droit de relever

avec tant de sévérité les erreurs des autres il serait
juste de prendre plus de peine pour ne pas en commettre soi-même de pareilles ou de plus grandes.
Voltaire était bien éloigné de se donner cette peine-
là[1]. » Suit un état des erreurs de Voltaire au sujet
seulement de la campagne de Charles XII en Norvège, état trop long pour être reproduit ici, mais
qu'on lira avec intérêt dans l'ouvrage auquel est
emprunté le précédent extrait.

J'arrive maintenant à la seconde catégorie des
manuscrits de Voltaire.

Il serait sans doute intéressant de s'arrêter en
détail sur chacun des treize portefeuilles qui la
composent. Un grand nombre des œuvres de
Voltaire nous apparaîtraient ainsi, en quelque
sorte, à leur berceau. Ces tragédies, ces drames,
ces lettres, ces grandes histoires, ces poésies de
toute espèce, qui ont valu tant de gloire à leur
auteur, nous les verrions à leur premier jet, et au
milieu des corrections et des ratures, ces témoins
manifestes de la lutte de la pensée contre l'expression qu'ont eue à soutenir les écrivains même les
plus faciles. Et parmi cette foule de manuscrits

[1] Voyage en Norwège par M. P. H. Mallet ci-devant professeur
royal à Copenhague, professeur à l'académie de Genève, corres-
pondant de l'académie royale des Inscriptions et belles-lettres
de Paris, etc. etc. — Ce voyage fait partie de l'ouvrage de Wil-
liam Coxe cité plus haut.

précieux, que de pièces se rencontreraient encore qui ont échappé à la publicité, et que nous lirions avec cette avidité jalouse et fière qu'on apporte toujours à participer à des trésors dérobés à la foule.

Entre les diverses pièces contenues dans ces treize portefeuilles, voici, ce me semble, quelles sont les plus intéressantes : la tragédie d'*Irène,* avec les changements (original). — L'ancien original d'*Adélaïde Duguesclin,* sous le titre des *Frères ennemis.* — *Agathocle.* — *Atrée et Thyeste.* — *Le Droit du seigneur* (original). — Une dissertation théologique sur le Saint-Esprit. — Une autre sur la doctrine de l'Église gallicane. — Une longue série de manuscrits originaux, philosophiques et économiques de madame du Châtelet. — Toutes les pièces relatives aux procès Delabarre et Lally. — Une partie notable de la correspondance de Voltaire avec le roi de Prusse et du roi de Prusse avec Voltaire. — Plusieurs lettres à madame Denis, à M. Vagnière et à d'autres personnes.

C'est dans une des lettres adressées à M. Vagnière, en date du 28 février 1778, par conséquent trois mois avant la mort de Voltaire, que l'on trouve cette déclaration écrite de sa main : « Je meurs en adorant Dieu, en aimant mes amis, en ne haïssant pas mes ennemis, en détestant la superstition. »

Plusieurs portefeuilles sont riches en documents

historiques ; ainsi, on y trouve : onze cahiers de lettres historiques communiquées à Voltaire sur la cour de France, depuis 1709 jusqu'en 1721. — Un essai sur les colonies. — Les mémoires du comte d'Estaing sur les colonies, les finances, etc. — Une suite de remarques historiques pour l'histoire générale, le siècle de Louis XIV et le siècle de Louis XV. — La guerre de 1741. — Les lettres du cardinal de Bouillon à Louis XIV, au sujet du livre de M. de Cambrai. — Des extraits des mémoires du duc de la Force. — Plusieurs documents sur les affaires des Indes. — Divers mémoires et lettres sur l'affranchissement du pays de Gex, etc., etc.

Indépendamment des pièces que je viens de citer, la seconde catégorie des manuscrits de Voltaire renferme une foule de poésies dans tous les genres, comme opéras, contes, madrigaux, odes, épîtres, chansons, etc., dont un grand nombre sont inédites.

Dans un portefeuille séparé et sans numéro, mais qui mérite d'être mentionné, on trouve une tragédie, en tête de laquelle Voltaire a écrit ces mots : « *Tragédie de je ne sais quel polisson* » ; puis une histoire des perruques, que Voltaire a fait transcrire, ainsi qu'il le dit lui-même dans une note, parce qu'elle ne fut imprimée qu'à un petit nombre d'exemplaires (1705 ou 1706.) La copie de cette histoire s'arrête au moment où les perruques furent mises en usage dans l'Église. « Je n'ai pas fait copier la suite de cette dissertation, dit Voltaire, parce qu'elle n'est faite que pour empêcher les prêtres de continuer l'usage des perruques, introduit depuis quelques années, jusqu'à la célébration de la messe, ce qui ne regarde pas la curiosité que j'avais de m'instruire de l'antiquité des perruques. »

Tout le monde sait que, dans sa terre de Ferney, Voltaire se comportait en véritable seigneur. Entr'autres établissements construits à ses frais, il y fit bâtir une église. On trouve dans un des portefeuilles de ses manuscrits toutes les pièces relatives à cette affaire, comme actes, devis, procès-verbaux, plans, etc. Un mémoire autographe, conservé à la bibliothèque impériale de Saint-Pétersbourg, nous montrera jusqu'à quel point le seigneur de Ferney poussait les prévisions et les soins minutieux en ce qui concernait la construction de cette église :

« Aujourd'hui, 6 août 1760, maître Guillot et maître Desplaces se sont engagés à bâtir les murs de l'église et sacristie de la paroisse de Ferney, au lieu qui leur sera indiqué par M. le curé : l'église, nef et chœur des mêmes dimensions précisément que l'église, nef et chœur qui est actuellement auprès du château, afin que les mêmes bois de charpente et menuiserie de l'ancienne puissent servir à la nouvelle ; ils édifieront le tout de même hauteur et de même pierre nommée blocaille ou blocage, pratiqueront les fenêtres à peu près des mêmes dimensions ; ils se serviront du même portail qui est à l'ancienne église, ils l'enlèveront de la place où il est, et mettront des étançons pour soutenir ledit ancien portail ; ils auront seulement soin de faire saillir le portail de la nouvelle église de quatre pouces ; ils feront deux pilastres saillants de quatre pouces à chaque côté du portail, avec un fronton de pierre molasse au-dessus dudit portail. Ces quatre pilastres simples seront de briques, qu'ils revêtiront de plâtre ou d'un bon enduit de chaux. Il n'y aura point d'autres ornements, le tout au prix des murs du château de Ferney, la pierre taillée au même prix, et ledit ouvrage complet sera payé totalement le 1er ou le 15 octobre prochain, jour auquel lesdits entrepreneurs s'engagent à livrer le bâtiment aux charpentiers pour faire la couverture. Fait au château de Ferney ledit 6 août 1760. »

De tous les portefeuilles des manuscrits de Voltaire dont il est ici question, le plus intéressant et le plus curieux est sans contredit le cinquième. On retrouve là le caractère de Voltaire tout entier : cet assemblage de tous les extrèmes, cette puissance étonnante qui embrasse à la fois le bien et le mal, la vérité et le mensonge, la vertu et l'infamie. Ce portefeuille est en quelque sorte l'image de la pensée de Voltaire, le confident de ses études, le témoin de toutes ses impressions. Il contient une foule d'ex-

traits d'auteurs latins, anglais, français, italiens ;
plusieurs anecdotes concernant l'histoire des lettres
et des spectacles ; des notes et des réflexions sur
toutes sortes de sujets ; en sorte que, d'après ce portefeuille seulement, on peut juger de la vérité de ce
vers que Voltaire a fait sur lui-même :

« Tous les goûts à la fois entrèrent dans mon âme. »

Quoi de plus attrayant que de suivre un esprit
comme celui de Voltaire à travers la route mobile
de ses impressions ; que de le voir tantôt se replier
sur lui-même pour y féconder sa pensée, tantôt in-
terroger des organes étrangers pour les faire servir
à ses propres inspirations ! Voltaire était un homme
laborieux et réfléchi ; rien ne passait sous ses yeux
qui ne fixât vivement son attention, et qui ne prît
place aussitôt dans ses notes. S'il a été universel,
c'est que son travail s'est appliqué à toutes choses.
On voit, lorsqu'on parcourt ses manuscrits, surtout
celui que j'examine en ce moment, jusqu'à quel
point il poussait l'observation. Les choses les plus
indifférentes, les plus fugitives, prennent pour lui
de l'intérêt, de la consistance ; il ne craint pas de leur
consacrer un souvenir et de les ranger parmi les
épis de sa moisson. Faut-il s'étonner après cela si
cet homme a eu de la gloire, puisqu'au génie, qui,
selon Bossuet, consiste dans une illumination sou-

daine, il joignit si libéralement cet autre génie que Buffon a défini *la patience?*

Ce même portefeuille, où se trouvent accumulés pêle-mêle tant d'extraits, de notes et de pièces diverses, renferme encore un grand nombre de vers dont la licence dépasse toute imagination. Ah ! Voltaire mentait bien fort quand, reniant les éditions de la Pucelle qu'on faisait courir sous son nom, il prétendait qu'il n'était pas capable de pareilles choses !

A l'époque où je compulsais la bibliothèque de Voltaire, un ordre de l'empereur Nicolas condamnait tous ces vers impurs à ne jamais sortir du dépôt où ils sont renfermés. J'ai dû me conformer à cet ordre; et je me suis borné à transcrire quelques pensées ou sentences d'un caractère moins scabreux. Que ces sentences soient sorties de l'esprit de Voltaire ou seulement recueillies par sa plume, elles n'en servent pas moins à faire connaître quelles étaient les causes et la nature de ses impressions.

Je les jetterai ici au hasard, et sans plus d'ordre que n'en a mis Voltaire lui-même dans son manuscrit :

« D'où vient que les Italiens sont de si mauvais philosophes et de si fins politiques; les Anglais, au contraire ? N'est-ce pas que la politique étant l'art de tromper, de petits esprits en sont plus capables ? »

« Il n'y a que les faibles qui fassent des crimes ;
le puissant et l'heureux n'en ont pas besoin. »

« Si la lumière vient des étoiles en vingt-cinq ans,
Adam fut donc vingt-cinq ans sans en voir ? »

« Quand on ne voyage qu'en passant on prend les
abus pour les lois du pays. »

« Ceux qui ont écrit sur l'homme n'ont jamais
considéré l'homme en général. Le père Malebranche
regarde l'homme comme une âme chrétienne, la
Bruyère comme un Français qui a des ridicules.
Celui qui ferait un traité des chiens devrait-il ne
parler que des épagneuls ? Il y a des hommes noirs,
blancs, jaunes, barbus, sans barbe ; les uns naissent pour penser beaucoup, les autres pour penser
très-peu, etc. »

« La mémoire et l'esprit sont comme la pierre
d'aimant, qui devient plus forte en augmentant
petit à petit le poids qu'on lui fait porter. »

« Les paroles sont aux pensées ce que l'or est aux
diamants : il est nécessaire pour les mettre en œuvre, mais il en faut peu. »

« Quand il plaît au roi de créer des charges,
il plaît à Dieu de créer des fous pour les acheter. »

« Dans les pays où l'on a la liberté de conscience,
on est délivré d'un grand fléau : il n'y a point
d'hypocrites. »

« La décadence des lettres vient de ce qu'on a

atteint le but; ceux qui suivent veulent le dé-
passer. »

« On aime la gloire et l'immortalité comme on
aime ses enfants posthumes. »

« Le moyen sûr pour être écrasé dans ce monde
est de n'avoir que du mérite. »

« La religion est comme la monnaie; les hommes
la prennent sans la connaître. »

« L'homme de bien est comme l'archer qui n'atteint pas toujours au but, mais qui ne s'en prend
qu'à lui. »

« Il semble que les Européens soient tous mé-
decins; tout le monde demande comment on se
porte. »

« En venant au monde, on pleure et on réjouit;
il faut rire en mourant et faire pleurer. »

« Il paraît que la nature nous a donné de l'*amour-
propre* pour notre conservation, et la *bienveillance*,
pour la conservation des autres, et peut-être que
sans ces deux principes dont le premier doit être le
plus fort, il n'y aurait pas de société. »

« Un voleur dépouillait un homme qui l'aidait
afin d'être plus tôt débarrassé. Le volé déchirant sa
cravate, « comment, coquin, dit le voleur, tu dé-
chires ma cravate! »

« Pourquoi les peintres qui représentent des
héros et des paysans ne sont-ils pas infâmes, tandis
que les comédiens qui les représentent d'une ma-

nière bien supérieure sont déshonorés pour leur art même? Il est plaisant qu'on excommunie celui qui représente César avec des lambrequins, parce la ressemblance est plus parfaite; j'aimerais autant qu'on excommuniât le buste de la reine. »

« Un vieillard est un grand arbre qui n'a plus ni fruits, ni feuilles, mais qui tient encore à la terre. »

« Nous cherchons tous le bonheur, mais sans savoir où, comme des ivrognes qui cherchent leur maison, sachant confusément qu'ils en ont une. »

« En ouvrages d'esprit comme en mécanique, ce que l'on perd en temps, on le gagne en force. »

« Les calomniateurs sont comme le feu qui noircit le bois vert, ne pouvant le brûler. »

« Le bonheur ressemble à l'île d'Ithaque, qui fuyait toujours devant Ulysse. »

Je terminerai ici ce que j'ai voulu dire des papiers de Voltaire conservés à Saint-Pétersbourg. Mon but sera atteint, je l'espère. Cette bibliothèque de Voltaire, achetée par l'impératrice Catherine, a soulevé en France tant de questions diverses. On saura désormais ce qu'il faut en penser. Si des éditeurs courageux entreprenaient encore l'œuvre importante d'une nouvelle édition de Voltaire, ils sauraient aussi où sont déposées les archives de ce grand écrivain, et où ils peuvent trouver un nombre considérable de pièces qui n'ont jamais vu le jour, de même que plusieurs variantes dignes de figurer à la suite de celles qui sont déjà imprimées.

TABLE DES MATIÈRES.

FIN DE LA TABLE.